Mark Batterson

Lebe gefährlich!

Leidenschaftlich Gott nachjagen

Aus dem Amerikanischen
übersetzt von Eva Weyandt

SCM

R.Brockhaus

SCM

Stiftung Christliche Medien

Der SCM-Verlag ist eine Gesellschaft der Stiftung Christliche Medien, einer gemeinnützigen Stiftung, die sich für die Förderung und Verbreitung christlicher Bücher, Zeitschriften, Filme und Musik einsetzt.

Soweit nicht anders angegeben, sind die Bibelverse folgender Ausgabe entnommen:

Lutherbibel, revidierter Text 1984, durchgesehene Ausgabe in neuer Rechtschreibung, © 1999 Deutsche Bibelgesellschaft, Stuttgart.

Weiter wurde verwendet:
Neues Leben. Die Bibel, © der deutschen Ausgabe 2002 und 2006
SCM R.Brockhaus im SCM-Verlag GmbH & Co. KG, Witten.

Originally published in English under the title:
Wild Goose Chase by Mark Batterson
Copyright © 2008 by Mark Batterson
Published by Multnomah Books
an imprint of The Crown Publishing Group
a division of Random House LLC
12265 Oracle Boulevard, Suite 200
Colorado Springs, Colorado 80921 USA
Published in association with Eames Literary Services,
Nashville, Tennessee

International rights contracted through:
Gospel Literature International
P.O. Box 4060, Ontario, California 91761-1003 USA

This translation published by arrangement with
Multnomah Books, an imprint of The Crown Publishing Group,
a division of Random House LLC

2. Auflage 2015

© der deutschen Ausgabe 2009 SCM R.Brockhaus im SCM-Verlag GmbH & Co. KG
Bodenborn 43 · 58452 Witten
Internet: www.scmedien.de | E-Mail: info@scm-brockhaus.de

Umschlaggestaltung: Yellow Tree – Agentur für Design und Kommunikation,
www.yellowtree.de
Satz: Breklumer Print-Service, Breklum
Druck und Bindung: CPI–Ebner & Spiegel, Ulm
Gedruckt in Deutschland
ISBN 978-3-417-26631-3
Bestell-Nr. 226.631

Für Dick Foth,
meinen Freund, Mentor und Begleiter
auf der Wildgansjagd

INHALT

Kapitel 1

Gähnende Engel

Das Leben als geistliches Abenteuer

Das Leben ist entweder ein herausforderndes Abenteuer oder es ist gar nichts.

→ HELEN KELLER

Der Name, den die keltischen Christen dem Heiligen Geist gaben, hat mich immer begeistert. In ihrer Sprache hieß er *An Geadh-Glas*: die Wildgans. Mir gefällt diese bildhafte Sprache. Der Name spielt auf das geheimnisvolle Wesen des Heiligen Geistes an. Wie eine Wildgans kann man den Geist Gottes nicht aufspüren oder zähmen. Ein Hauch von Gefahr und Unberechenbarkeit umgibt ihn. Vielleicht erscheint es uns im ersten Augenblick seltsam, aber ich finde den Ausdruck »Wildgansjagd« in Zusammenhang mit diesem Buch sehr passend. Wenn wir uns mit vollem Einsatz daranmachen, in unserem Leben vom Geist Gottes geführt zu werden, ist es, als würden wir Jagd auf eine Wildgans machen.

Ich denke, die keltischen Christen lebten in einer Erwartung, die es im institutionalisierten Christentum von heute nicht mehr gibt. Haben wir vielleicht die Flügel der Wildgans gestutzt und uns mit etwas zufriedengegeben, das längst nicht an das heranreicht, was Gott ursprünglich für uns im Sinn hatte?

Ich kenne keinen einzigen Christen, der nicht verkrampft versucht hätte, den Willen Gottes herauszufinden. Wir möchten dieses Geheimnis entschlüsseln wie ein Sudoku oder Kreuzworträtsel. Aber aus der Erfahrung kann ich sagen, dass eine rein intellektuelle Analyse gewöhnlich zu geistlicher Lähmung führt. Wir wollen Gott in die Begrenzungen unseres Verstandes pressen. Wir versuchen, den Willen Gottes innerhalb der logischen Grenzen unserer linken Gehirnhälfte zu erklären. Aber der Wille Gottes ist weder logisch noch linear. Er ist einfach nur verwirrend und kompliziert.

> **Der Wille Gottes ist weder logisch noch linear. Er ist einfach nur verwirrend und kompliziert.**

Wenn wir uns in bestimmten Situationen unsicher fühlen, denken wir manchmal, mit uns sei geistlich gesehen nicht alles in Ordnung. Doch wenn wir aus dem Geist geboren sind und ihm nachfolgen wollen (siehe Johannes 3,8), hat Jesus uns genau das vorausgesagt: Wir werden die meiste Zeit nicht wissen, wohin wir unterwegs sind. Und ich weiß, dass das beunruhigend ist. Aber diese Unsicherheit hat noch einen anderen Namen: Abenteuer.

Ich denke, es ist nur fair, zu Beginn dieses Buches eine »Wildganswarnung« auszusprechen: Nichts ist nervenaufreibender oder verwirrender, als Gott leidenschaftlich nachzujagen. Und je eher wir uns mit dieser geistlichen Erkenntnis abfinden, desto mehr Freude werden wir an der Reise haben. Ich kann Ihnen nicht guten Gewissens versprechen, dass Sie nie in Gefahr kommen werden und immer in Sicherheit sind. Aber ich kann Ihnen versprechen, dass Ihre »Wildgansjagd« alles andere als langweilig werden wird!

Paradiesische Inseln

Vor einiger Zeit war ich auf den Galapagosinseln. So stelle ich mir den Garten Eden vor. Es erschien mir fast ein wenig unpassend, mit dem Flugzeug dorthin zu fliegen. Mit einem Bambusfloß an Land gespült zu werden, wäre mir angemessener erschienen.

Während unseres Aufenthalts verbrachten wir viel Zeit in einem Boot, mit dem wir die verschiedenen Inseln besuchten. Es schien viel zu klein für die zwölf Personen und die vier Meter hohen Wellen. Und natürlich fanden wir auch noch heraus, dass das kleine Boot kurz vor unserem Besuch gekentert war. Verständlicherweise hätten wir diese unbedeutende Information gern gehabt, bevor wir an Bord gingen – aber ohne Zweifel verlieh dies unserer Reise einen Hauch von Abenteuer.

Die ganze Woche war voller neuer Erfahrungen. Zum ersten Mal in meinem Leben ging ich schnorcheln und entdeckte Gottes faszinierende Unterwasserwelt. Wie ist er bloß auf diese Farbmuster gekommen? In einem unvergesslichen Moment gingen mein Sohn Parker und ich mit einigen verspielten Seelöwen schwimmen. Und ein Lebenstraum erfüllte sich, als ich bei Las Grietas von einer dreizehn Meter hohen Klippe in eine schmale Flussmündung sprang. Was für ein Adrenalinstoß!

Auf dieser Reise reihte sich ein Abenteuer ans andere. Das spanische Sprichwort, das wir in jener Woche auf einer Sprite-Dose entdeckten, erschien uns sehr passend und es wurde unser Motto: *Otra día, otra aventura* – ein neuer Tag, ein neues Abenteuer.

Mir gefällt dieser Spruch auf der Getränkedose. Er beschreibt, was wir tagaus, tagein auf den Galapagosinseln erlebten. Ich glaube, in diesen Worten klingt eine der tiefsten Sehnsüchte des Menschen an – die Sehnsucht nach Abenteuer. Und darum geht es auch, wenn wir Gott leidenschaftlich nachjagen wollen.

Wenn ich den Heiligen Geist aus der Gleichung meines Lebens herausnähme, wäre mein Dasein schlichtweg langweilig. Doch wenn ich ihn zur Gleichung meines Lebens hinzufüge, kann unendlich viel geschehen. Wir werden nie wissen, wem wir begegnen, wohin wir gehen oder was wir tun werden. Alles ist offen.

> Wir unterwerfen uns nicht Gottes Absichten, sondern wollen, dass er sich unseren Absichten beugt.

Wenn Ihre Beziehung mit Gott alles andere als ein Abenteuer ist, glauben Sie vielleicht, Sie folgen dem Heiligen Geist, haben sich aber in Wirklichkeit mit weniger zufriedengegeben. Ich nenne das »seitenverkehrter christlicher Glaube«. Es kommt vor, dass wir dem Geist Gottes vorangehen, anstatt ihm zu folgen. Wir unterwerfen uns nicht Gottes Absichten, sondern wollen, dass er sich unseren Absichten beugt. Und auch wenn dieser Unterschied vielleicht nicht sofort ins Auge fällt, können die Auswirkungen enorm sein. Die Folge ist eine mit sich selbst beschäftigte Spiritualität, die in uns eine große Leere zurücklässt. Sie verurteilt uns zu geistlicher Langeweile, obwohl wir eigentlich ein geistliches Abenteuer erleben könnten.

Eingesperrte Christen

Die Galapagosinselkette, die 800 Kilometer vor der Küste Ecuadors liegt, gehört zu den primitivsten Orten dieser Erde. Viele der 49 Inseln sind bewohnt, doch auf den meisten lebt kein einziger Mensch und dort herrscht absolute Wildnis. Während meines Aufenthalts dort hatte ich das Gefühl, weit von der Zivilisation entfernt zu sein. Es war einfach paradiesisch.

Irgendwie fühlte ich mich auf den Inseln richtig mit Adam verbunden. Hier konnte ich mir vorstellen, wie es vor dem Sündenfall gewesen sein musste. In der Bibel steht, dass eine der ersten Aufgaben Adams war, den Tieren einen Namen zu geben (vgl. 1. Mose 2,19). Doch wir lesen einfach darüber hinweg. Es hat bestimmt Jahre gedauert, um das Projekt zum Abschluss zu bringen. Ich glaube nicht, dass Gott die Tiere in Reih und Glied an Adam vorbeiziehen ließ; vermutlich durfte Adam sie in ihrem natürlichen Umfeld entdecken. Stellen Sie sich nur vor, wie aufregend es gewesen sein muss, als Adam zum ersten Mal einer Herde Gnus begegnete, die wild flüchtend vor ihm davonstoben, oder Bergziegen, die in den Bergen herumkletterten, oder Nashörnern, die mit gesenktem Kopf auf ihn losgingen.

So habe ich empfunden, als ich die Galapagosinseln besuchte. Dort entdeckte ich auch den Unterschied zwischen einem Tier im Zoo und einem, das in freier Wildbahn lebt. Ich sah eine riesige Meerechse aus nächster Nähe, ging zusammen mit Hunderten bellender Seelöwen am Strand spazieren, trieb über Mantarochen hinweg, die über den Meeresboden glitten. Einen Vogel in einem Käfig zu betrachten, ist eine Sache. Eine ganz andere Erfahrung ist es, wenn man sieht, wie ein Pelikan, der an einen prähistorischen Pterodaktylus erinnert, dreißig Meter über dem Wasser seine Kreise zieht und dann auf einmal im

Sturzflug ins Meer eintaucht, um mit dem Frühstück in seinem großen Schnabel wieder aufzutauchen. Es ist unbeschreiblich faszinierend, ein wildes Tier in der freien Natur zu erleben, das tut, wozu es geschaffen wurde. Wild. Ungezähmt. Ohne Käfig.

Einige Wochen nach unserer Rückkehr von den Galapagosinseln besuchten wir als Familie den Zoo in Washington D.C. Es ist ein fantastischer Tierpark – war aber nach den Erlebnissen auf den Galapagosinseln enttäuschend. Ein Zoo kann mich nicht mehr begeistern. Ein Tier in einem Käfig zu beobachten, ist langweilig. Es ist zu sicher, zu zahm, zu berechenbar.

Als wir durch das Affenhaus liefen und ich einen 200 Kilogramm schweren Gorilla in seinem Käfig hinter dem schützenden Plexiglas betrachtete, kam mir der Gedanke: *Ob die Kirchen wohl den Menschen das antun, was die Zoos mit den Tieren machen?*

Ich liebe die Gemeinde Gottes. Ich setze mich für sie ein. Und ich sage nicht, dass sie die Menschen absichtlich in Käfige sperrt. Andererseits, vielleicht doch ... Zu oft nehmen wir Menschen aus ihrer natürlichen Umgebung heraus und versuchen sie im Namen Jesu zu zähmen. Wir wollen das Risiko entschärfen, die Gefahr bannen. Wir wollen den Kampf erleichtern. Und was dabei herauskommt, ist ein Christ im Käfig.

Tief in unserem Inneren sehnen wir uns alle nach mehr. Klar, unser gezähmtes Ich gewöhnt sich an die Sicherheit des Käfigs. Aber der ungezähmte Teil in uns wünscht sich Gefahr, Herausforderung, Abenteuer. Und an irgendeinem Punkt unserer geistlichen Reise stellen uns die Sicherheit und Berechenbarkeit des Käfigs nicht mehr zufrieden. Denn unsere tiefste Sehnsucht ist es, in Freiheit zu leben. Unsere Käfigtür öffnet sich, wenn wir begreifen, dass Jesus nicht am Kreuz für uns gestorben ist, um uns Sicherheit zu geben. Jesus starb, um uns gefährlich zu machen.

> Was dabei herauskommt, ist ein Christ im Käfig.

Es ist in Ordnung, um Schutz zu beten. Ich bitte Gott andauernd darum, dass er meine Kinder behütet und bewahrt. Ihnen wird das nicht anders gehen. Aber wann haben Sie Gott das letzte Mal gebeten, Sie gefährlich zu machen?

Wenn ich als Pastor am Ende des Gottesdienstes den Segen spreche, würde ich gern gefährliche Menschen zurück in ihren natürlichen Lebensraum senden, um dem Feind verheerenden Schaden zuzufügen.

Gefährlich leben

Ab und zu überfällt mich wie aus dem Nichts ein willkürlicher Gedanke. Vor einiger Zeit dachte ich: *Müssen Engel eigentlich gähnen?* Ich weiß, das klingt nach einer albernen theologischen Spitzfindigkeit, aber ich überlege tatsächlich, ob Engel sich langweilen können. Wichtiger noch, ich frage mich, ob einige von uns ihr Leben so gestalten, dass nicht nur *sie selbst* gelangweilt sind, sondern auch ihre Schutzengel. Wenn unsere Schutzengel könnten, würden sie uns aus unseren Käfigen schubsen und uns um einen gefährlichen Auftrag anflehen?

Auf den folgenden Seiten werden Sie einigen Menschen begegnen, die sich in Gefahr brachten. Wohlgemerkt, es sind ganz gewöhnliche Menschen. Sie haben mit Zweifeln, Ängsten und Problemen zu kämpfen, genau wie Sie und ich. Aber ihr Mut, aus dem Käfig auszubrechen und für Jesus gefährlich zu leben, wird Sie inspirieren und anspornen, ihrem Beispiel zu folgen.

Ich denke an Ana Luisa, die ihre Bonusmeilen dazu nutzte, nach Indien zu gehen und aufopferungsvoll den Ärmsten der Armen in einer Klinik zu dienen. Ich denke an Mike, der eine gefährliche Arbeit an einem gefährlichen Ort begann – bei einer Pornoshow in Las Vegas. Ich denke an Adam, dessen Offenheit für den Heiligen Geist während einer Missionsreise zu einer lebensverändernden Begegnung auf der anderen Seite der Weltkugel führte. Und ich denke an Becky, die bewusst die Entscheidung traf, ihr eigenes Leben in Gefahr zu bringen und sich im Kampf gegen den Menschenhandel zu engagieren.

Seit wann ist es ungefährlich, Christus nachzufolgen? Vielleicht sollten wir endlich den Käfig verlassen und uns für Jesus in Gefahr begeben.

Abenteuerlust

Der dänische Philosoph und Theologe Sören Kierkegaard vertrat die Meinung, dass Langeweile die Wurzel allen Übels sei. Ich kann ihm nur zustimmen. Langeweile ist nicht nur langweilig; Langeweile ist falsch. Sie können nicht aus dem Glauben leben und gleichzeitig Langeweile empfinden. Glaube und Langeweile lassen sich nicht miteinander in Einklang bringen.

> Glaube und Langeweile lassen sich nicht miteinander in Einklang bringen.

Denken wir in diesem Zusammenhang an die Geschichte vom reichen Jüngling in der Bibel. Auf dem Papier besaß er alles: Jugend, Reichtum und Macht. Aber etwas fehlte. Er war gelangweilt von seinem Glauben. Und das wird in seiner Frage an Jesus deutlich: *Was fehlt mir noch?* (Matthäus 19,20).

Ich weiß, was ihm fehlte: geistliches Abenteuer. Sein Leben war zu leicht, zu berechenbar und zu bequem. Er hielt die Gebote, aber diese Gebote waren für ihn zum religiösen Käfig geworden. Ich denke, in seinem Inneren schlummerte eine tiefe Sehnsucht danach, mehr zu tun, als nur nichts falsch zu machen.

Verstehen Sie mich nicht falsch. Es ist richtig und gut, die Gebote zu halten. Aber das allein stellt uns geistlich nicht zufrieden. Es führt dazu, dass wir uns eingesperrt fühlen. Und ich bin fest davon überzeugt, dass es vielen von uns so geht.

Im Laufe der vergangenen zehn Jahre durfte ich als Hauptpastor die *National Community Church* in Washington D.C. leiten. Wie jede Gemeinde haben wir eine einzigartige Zusammenstellung von Menschen. Siebzig Prozent unserer Mitglieder sind Singles in den Zwanzigern, die mitten in der Quarterlife-Crisis stecken. Und die meisten von ihnen wohnen oder arbeiten auf dem *Capitol Hill* – dem amerikanischen Regierungsviertel. Daher ist die folgende Beobachtung zweifellos geprägt von den Lebensumständen der Mitglieder unserer Gemeinde und der Psyche unserer Stadt. Aber die Natur des Menschen ist überall gleich. Ich stelle fest: Viele, wenn nicht sogar die meisten Christen sind von ihrem Glauben gelangweilt.

Wir wissen, dass unsere Sünden vergeben und vergessen sind. Wir wissen, dass wir die Ewigkeit mit Gott verbringen werden, wenn wir einmal die Grenzen von Zeit und Raum überschreiten. Und wir geben uns große Mühe, innerhalb der Leitplanken von Gottes gutem und vollkommenem Willen zu leben. Trotzdem quält uns das nagende Gefühl, dass irgendetwas fehlt.

Ich glaube, der reiche Jüngling steht für eine Generation, die eine tiefe Sehnsucht empfindet, aus dem Käfig auszubrechen und gefährlich für Jesus zu leben. Doch viele von uns geben sich mit geistlicher Mittelmäßigkeit zufrieden, anstatt nach geistlicher Reife zu streben.

> Viele von uns geben sich mit geistlicher Mittelmäßigkeit zufrieden, anstatt nach geistlicher Reife zu streben.

Jesus spricht diese tief sitzende Abenteuerlust in uns an und fordert uns heraus, unseren Käfig zu verlassen. Doch das bedeutet, dass wir genau das aufgeben, was uns in der Welt Sicherheit und Identität gibt.

Der Käfig des reichen Jünglings war seine finanzielle Sicherheit. Jesus sagte zu ihm: *Willst du vollkommen sein, so geh hin, verkaufe, was du hast, und gib's den Armen, so wirst du einen Schatz im Himmel haben; und komm und folge mir nach* (Matthäus 19,21).

Ein Teil von uns leidet mit dem reichen Jüngling, oder? Wie konnte Jesus so viel von ihm verlangen? Er forderte ihn auf, alles aufzugeben, was er besaß! Aber wir übersehen das Angebot, das Jesus ihm gleichzeitig machte.

Ich lebe in der Praktikumshauptstadt der Welt. Jeden Sommer pilgern Zehntausende junge Erwachsene nach D.C., um den richtigen Praktikumsplatz im richtigen Büro zu ergattern, weil sie wissen, dass so etwas die richtige Tür öffnen kann. Es ist erstaunlich, wie viele Kongressmitglieder als Boten angefangen haben und wie viele Richter des Obersten Gerichtshofs ursprünglich Büroangestellte waren.

Wie viel dieser junge Reiche aufgeben musste, ist nebensächlich – Jesus hat ihm viel mehr angeboten. Es war die Gelegenheit seines Lebens: ein Praktikumsplatz bei keinem anderen als dem Sohn Gottes. Das sieht doch super im Lebenslauf aus! So eine Erfahrung ist unbezahlbar! Aber der reiche Jüngling lehnte ab. Er entschied sich für den

Käfig. Und er machte einen Fehler, den viele von uns begehen: Ihm waren Besitz und Reichtum wichtiger als ein Leben voller Abenteuer, ein Leben, das der Wildgans nachjagt.

Stellen wir jetzt den reichen Jüngling einmal den zwölf unerfahrenen Jüngern gegenüber, die den unbezahlten Praktikumsplatz annahmen. Sie hörten die Gleichnisse mit ihren eigenen Ohren. Sie tranken von dem Wasser, das Jesus in Wein verwandelte. Sie zerlegten die auf übernatürliche Weise gefangenen Fische. Und sie waren da, als Jesus den Tempel auf den Kopf stellte, auf dem Wasser wandelte und in den Himmel auffuhr.

In einer Zeit, in der normale Bürger sich nicht weiter als 50 Kilometer von ihrem Wohnort entfernten, sandte Jesus seine Jünger an die vier Enden der damals bekannten Welt. Die gewöhnlichen Fischer, die sonst in Sichtweite des Sees Genezareths gelebt hätten und gestorben wären, reisten bis ans Ende der Erde. Was für ein Abenteuer! Nach den Aufzeichnungen des Historikers Eusebius aus dem dritten Jahrhundert segelte Petrus nach Italien, Johannes bis nach Asien, Jakobus, der Sohn des Zebedäus, gar bis nach Spanien, und sogar der zweifelnde Thomas ließ sich auf das Abenteuer ein und landete in Indien.

> Wir können in unserem Käfig bleiben, alles haben und schließlich erkennen, dass es nichts wert ist. Oder wir können unseren Käfig verlassen und uns auf das Abenteuer einlassen.

Wie der reiche Jüngling haben auch wir eine Entscheidung zu treffen. Uns liegt dasselbe Angebot vor. Wir können in unserem Käfig bleiben, alles haben und schließlich erkennen, dass es nichts wert ist. Oder wir können unseren Käfig verlassen und uns auf das Abenteuer einlassen.

Sechs Käfige

In meinem ersten Buch, *In a Pit with a Lion on a Snowy Day,* habe ich die Geschichte von einem alten Krieger namens Benaja erzählt, um deutlich zu machen, dass Gott möchte, dass wir die unendlich vielen Gelegenheiten nutzen, die sich uns bieten. In diesem Zusammenhang

passt auch das englische Sprichwort gut: »Kein Mut, kein Ruhm.«
Wenn uns der Mut fehlt, im Glauben etwas zu wagen, berauben wir
Gott des Ruhmes, der ihm rechtmäßig zusteht.[1] In *Lebe gefährlich!*
möchte ich noch einen Schritt weiter gehen und deutlich machen, dass
das Leben zu einem großen Abenteuer werden kann, wenn wir der un-
vergleichlichen Gans des Himmels nachjagen. Wir werden die
Schritte von sechs Jägern nachzeichnen, denen wir auf den Seiten der
Bibel begegnen. Und ich hoffe, dass ihre Fußspuren uns beim Aufspüren der Wildgans helfen. Aber zuerst möchte ich Sie noch an etwas erinnern. In diesem Buch geht es nicht nur darum, dass Sie und ich ein
geistliches Abenteuer erleben. Eigentlich geht es in diesem Buch
überhaupt nicht um Sie. Es geht einzig und allein um den Urheber und
Vollender unseres Glaubens (vgl. Hebräer 12,2), der durch Ihr Leben
Geschichte schreiben möchte. Wenn Sie die Bibel lesen, werden Sie
entdecken, dass sein Lieblingsgenre das Abenteuer ist.

Natürlich können Sie sich für die Sicherheit und Berechenbarkeit
des Käfigs entscheiden und damit das Abenteuer verpassen, das Gott
für Sie bereithält. Doch Sie werden nicht der Einzige sein, der etwas
versäumt. Wenn Ihnen der Mut fehlt, sich dem Geist Gottes zu öffnen,
dann können die Kosten immens hoch sein. Vielleicht lernt jemand
die Liebe Gottes niemals kennen, weil Sie ihn nicht mit ihr bekannt
machen. Vielleicht bleibt jemand gefangen in seiner Armut, Unwis-
senheit und seinem Schmerz, weil Sie ihn nicht daraus befreien. Wird
die Ausbreitung des Reiches Gottes vielleicht an manchen Stellen be-
hindert, weil Sie sich nicht in vorderster Front dafür einsetzen?

**Sie sind nur eine
Wildgansjagd
entfernt von
dem geistlichen
Abenteuer, das Gott
für Sie bereithält.**

Die Jünger Jesu führten nach Pfingsten ein
aufregendes Leben; sie stellten sogar die Welt
auf den Kopf (vgl. Apostelgeschichte 17,6).
Das können Sie auch tun. Dieses Buch lädt Sie
dazu ein, an etwas teilzuhaben, das größer und
wichtiger ist als Sie.

Sind Sie dabei?

Auf den folgenden Seiten werde ich sechs
Käfige beschreiben, die uns daran hindern, frei mit dem Heiligen
Geist umherzustreifen und gefährlich für Christus zu leben. Ich weiß

16

nicht, in welchen Käfigen Sie sich wiederfinden werden. Aber die gute Nachricht ist: Sie sind nur eine Wildgansjagd entfernt von dem geistlichen Abenteuer, das Gott für Sie bereithält.

Der erste Käfig ist der *Käfig der Verantwortlichkeit*. Im Laufe unseres Lebens passiert es häufig, dass die Leidenschaften, die Gott in unser Herz gelegt hat, von den alltäglichen Pflichten überlagert werden. Was weniger wichtig ist, tritt an die Stelle des wirklich Wichtigen. Und unsere Verantwortlichkeiten werden zu geistlichen Ausreden, die uns von dem Abenteuer abhalten, das Gott für uns bereithält. Ohne es auch nur zu merken, übernehmen wir *unverantwortliche Verantwortung*, wie ich es nenne. Doch die Jagd nach der Wildgans beginnt, wenn wir unsere größte Verantwortung akzeptieren: den Leidenschaften zu folgen, die Gott uns gegeben hat.

Der zweite Käfig, der *Käfig der Routine*, ist beinahe genauso schwer zu erkennen wie der erste. An irgendeinem Punkt unserer geistlichen Reise tauschen viele von uns Abenteuer gegen Routine ein. Gute Gewohnheiten sind nicht verkehrt. Für das geistliche Wachstum ist es sogar wichtig, gesunde Gewohnheiten zu entwickeln – also geistliche Disziplin. Aber sobald die Routine zur Routine wird, müssen wir sie durchbrechen. Sonst verkommen die heiligen Gewohnheiten zu leeren Ritualen, die uns in den Käfig sperren.

Der dritte Käfig ist der *Käfig der Annahmen*. Unsere Vorurteile halten uns oft davon ab, der Wildgans nachzujagen. *Ich bin zu alt. Ich bin zu jung. Ich bin unterqualifiziert. Ich bin überqualifiziert. Es ist zu spät. Es ist zu früh.* Die Liste ist unendlich lang ... Wenn wir älter werden, hören viele von uns auf, zu glauben, und beginnen, von bestimmten Annahmen auszugehen. Wir überlassen uns nicht mehr der Fantasie unserer rechten Gehirnhälfte, sondern fangen an, uns von der Erinnerung in der linken Gehirnhälfte leiten zu lassen. Und dadurch grenzen wir das, was Gott tun kann, erheblich ein.

Der vierte Käfig ist der *Käfig der Schuld*. Die Taktik des Feindes hat sich seit dem Garten Eden nicht verändert. Noch immer versucht er, uns geistlich auszuschalten, indem er uns dazu bringt, uns auf die Fehler unserer Vergangenheit zu konzentrieren. Durch unsere Schuldgefühle macht uns Satan zu Reaktionären. Doch Jesus ist gekommen, um unsere geistlichen Reflexe durch seine Gnade neu zu konditionieren und uns zu Revolutionären für seine Sache zu machen. Solange wir uns auf die Fehler der Vergangenheit konzentrieren, haben wir keine Energie übrig, um Träume für das Reich Gottes zu träumen.

Der fünfte Käfig ist der *Käfig des Versagens*. Und ironischerweise ist genau dieser Käfig der Ausgangspunkt für viele Wildgansjagden. Warum? Manchmal müssen unsere Pläne scheitern, damit Gottes Plan zum Ziel kommt. Durch Umwege und Verzögerungen bringt Gott uns dahin, wo er uns haben möchte.

Und der sechste und letzte Käfig ist der *Käfig der Angst*. Wir müssen aufhören, so zu leben, als sei es der Sinn des Lebens, den Tod sicher zu erreichen. Vielmehr sollten wir in unserem Leben aktiv werden. Die Welt braucht mehr wagemutige Menschen mit wagemutigen Plänen. Vielleicht auch uns?

Ich hoffe, dass Ihnen dieses Buch mehr bieten wird, als nur gute Unterhaltung. Gott möchte zu Ihnen sprechen. Und ich bin der Überzeugung, dass ein Kapitel, ein Absatz oder ein Satz die Richtung Ihres Lebens verändern kann.

Gehen wir auf die Jagd.

✿ Was empfinden Sie, wenn Sie die alte keltische Bezeichnung für Gott als die »Wildgans« hören – ungezähmt, unberechenbar, frei?

✿ War Ihr Glaube in der Vergangenheit »seitenverkehrt«? Haben Sie Gott Ihre Pläne aufdrücken wollen und sich vor seinen Plänen verschlossen?

✿ Wo befinden Sie sich im Augenblick auf dieser Skala?

Auf der sicheren Seite ausharrend	Gefährlich lebend für Gott

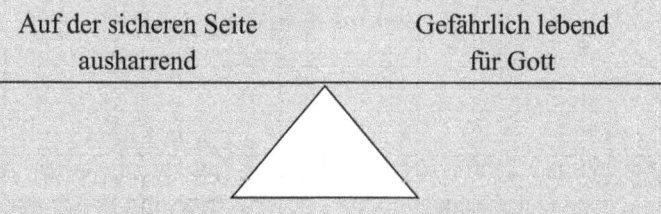

✿ Was empfinden Sie, wenn Sie dazu aufgefordert werden, ein geistliches Abenteuer zu erleben? Was klingt in Ihnen an?

✿ In welchem der sechs Käfige, die am Ende des Kapitels beschrieben werden, sind Sie am ehesten gefangen und warum?

Kapitel 2

Gänsehaut

Aus dem Käfig der Verantwortlichkeit ausbrechen

Die Seele lebt von dem, was sie liebt.

———————————————————————————▶ JOHANNES VOM KREUZ

Vor ein paar Jahren überlegte ich, wie ich einmal sterben wollte. Ich weiß, das klingt morbid und erfordert eine Erklärung, also lassen Sie mich erzählen, wie es dazu kam. Ich las von einem Mann namens Wilson Bentley[2], von dem ich zuvor noch nie gehört hatte. Wir haben keinerlei Gemeinsamkeiten. Und er starb lange vor meiner Geburt. Aber als ich las, wie er gestorben war, beschloss ich, so sterben zu wollen wie er.

Wilson war auf einer Farm in Jericho, Vermont, aufgewachsen und hatte als Junge eine Leidenschaft für Schneeflocken entwickelt. Besessenheit ist vielleicht das bessere Wort. Bei einem Schneesturm flüchten die Menschen in der Regel ins Haus. Nicht so Wilson. Er rannte nach draußen, sobald es anfing zu schneien, fing die Schneeflocken auf schwarzem Samt auf, untersuchte sie unter dem Mikroskop und fotografierte sie, bevor sie schmolzen. Seine erste Mikrofotografie stammt vom 15. Januar 1885.

> Unter dem Mikroskop stellte ich fest, dass Schneeflocken ein Wunder an Schönheit sind; und es erschien mir eine Schande, dass diese Schönheit nicht von anderen gesehen und geschätzt werden konnte. Jedes Kristall war ein Meisterwerk und jede war einzigartig.

Wenn eine Schneeflocke schmolz, war ihr Muster für immer verloren. So viel Schönheit war dahin und war nirgends festgehalten worden.[3]

Wilson war der erste bekannte Schneeflockenfotograf und er folgte seiner Leidenschaft mehr als fünfzig Jahre lang. Er trug eine Sammlung von 5381 Fotografien zusammen, die in seinem Hauptwerk *Snow Crystals* veröffentlicht wurden. Und er starb eines Todes, der sein Leben widerspiegelte. Wilson »Schneeflocke« Bentley zog sich eine Lungenentzündung zu, als er sechs Meilen durch einen heftigen Schneesturm stapfte. Er starb am 23. Dezember 1931.

Und so möchte ich auch sterben. Nein, nicht an einer Lungenentzündung. Aber ich möchte sterben, während ich das tue, was ich liebe. Ich bin entschlossen, den mir von Gott gegebenen Leidenschaften bis zum Tag meines Todes zu folgen. Das Leben ist zu wertvoll, um sich mit weniger zu begnügen.

Ich bin nicht sicher, ob Ihr Todesdatum das Datum ist, das auf Ihrem Grabstein stehen wird. Die meisten Menschen sterben lange vorher. Unser Sterben beginnt, wenn es in unserem Leben nichts mehr gibt, für das es sich zu leben lohnt. Und wir fangen erst wirklich zu leben an, wenn wir etwas finden, für das wir sterben würden. Das ist irgendwie interessant, oder?

> Ich bin entschlossen, den mir von Gott gegebenen Leidenschaften bis zum Tag meines Todes zu folgen.

Vielleicht ist das eine Erklärung dafür, warum Jesus so voller Leben war. Es gab so viel oder vielmehr so viele, für die er den Tod in Kauf nahm. Niemand war leidenschaftlicher dem Leben zugewandt als Jesus. Und wir sind herausgefordert, seinem Beispiel zu folgen. Menschen, die Christus nachfolgen, sollten die leidenschaftlichsten Leute auf dieser Erde sein. Und es sollte für uns nicht bloß eine Option sein, den uns von Gott gegebenen Leidenschaften nachzujagen. Es ist unbedingt nötig, wenn wir uns auf die Jagd nach der Wildgans begeben wollen. Dann kann das Abenteuer beginnen.

Verantwortliche Unverantwortlichkeit

Neulich las ich, dass ein Mensch durchschnittlich die Hälfte der Zeit, in der er nicht schläft, an seinem Arbeitsplatz verbringt. Im Laufe des Lebens sind das etwa einhunderttausend Stunden.[4] Angesichts dieser Statistik möchte ich Ihnen zwei Ratschläge mitgeben: Erstens, besorgen Sie sich einen ergonomischen Bürostuhl. Zweitens, und viel wichtiger, streben Sie nicht an, Karriere zu machen.

> Wir machen häufig den Fehler, dass wir zwar anfänglich einer Leidenschaft nachgehen, uns aber am Ende mit einem Gehaltsscheck zufriedengeben.

Wir machen häufig den Fehler, dass wir zwar anfänglich einer Leidenschaft nachgehen, uns aber am Ende mit einem Gehaltsscheck zufriedengeben. Anstatt unser Leben aktiv zu gestalten, verdienen wir unseren Lebensunterhalt. Und unsere tiefsten Leidenschaften werden unter unseren Alltagsverpflichtungen begraben.

Verstehen Sie mich nicht falsch. Natürlich müssen wir unseren Verantwortlichkeiten nachkommen. Wir müssen unsere Rechnungen bezahlen, den Müll rausbringen und uns um unsere Altersvorsorge kümmern. Aber unsere wichtigste Aufgabe ist es, dem zu folgen, was uns von Gott ins Herz gelegt ist. Und wenn wir zulassen, dass weniger wichtige Pflichten wichtigere überlagern, dann sind wir der »unverantwortlichen Verantwortlichkeit« zum Opfer gefallen, von der ich im vorherigen Kapitel sprach.

Diese falsche Haltung finden wir auch bei einem Mann, dem Jesus begegnete.

[Jesus] sprach zu einem andern: Folge mir nach! Der sprach aber: Herr, erlaube mir, dass ich zuvor hingehe und meinen Vater begrabe. Aber Jesus sprach zu ihm: Lass die Toten ihre Toten begraben; du aber geh hin und verkündige das Reich Gottes (Lukas 9,59-60).

Sein Anliegen ist doch eigentlich verständlich, oder? Der arme Mann wollte seinen Vater begraben. Aber Jesus durchschaute ihn. Dieser Mann benutzte seine Pflicht als Ausrede. Mit der Beisetzung seines

Vaters wollte er Jesus hinhalten. Er ließ sich von einer weniger wichtigen Aufgabe daran hindern, die größte Aufgabe und Gelegenheit seines Lebens wahrzunehmen: Christus nachzufolgen.

Uns ergeht es ähnlich. Unsere Pflichten dienen als Vorwand. Und im Laufe der Zeit werden unsere Aufgaben zu einer Form der Unverantwortlichkeit. Sie entwickeln sich zu dem Käfig, der uns daran hindert, dem Geist Gottes nachzujagen. Und der einzige Ausweg ist, wenn wir *verantwortlich unverantwortlich werden*.

Manchmal erscheint uns der Wille Gottes durch und durch unvernünftig. Von uns wird eine Entscheidung oder Tat verlangt, die keinen Sinn zu ergeben scheint. Wenn wir entsprechend handeln, halten uns die Menschen in unserer Umgebung für verrückt. Auch Jesus wurde von seiner Familie nicht verstanden (vgl. Markus 3,21). Aber »verantwortlich unverantwortlich« zu sein, bedeutet, sich nicht von menschlichen Pflichten daran hindern zu lassen, den Leidenschaften zu folgen, die Gott in unser Herz gelegt hat.

Sehen wir uns Nehemia an.

Unqualifiziert

Zunächst etwas zum geschichtlichen Hintergrund, damit wir Nehemia besser verstehen können:

Im Jahre 586 v.Chr. drang König Nebukadnezar in Juda ein, eroberte Jerusalem und nahm viele der jüdischen Überlebenden nach Babylon mit. Fast fünfzig Jahre später führte ein Jude namens Serubbabel die ersten der letzten Überlebenden nach Jerusalem zurück, um die Stadt wiederaufzubauen. Der Tempel wurde im Jahr 516 v.Chr. neu errichtet, aber 445 v.Chr. lag die Stadtmauer Jerusalems immer noch in Trümmern. Jerusalem hatte keinen Schutz vor seinen Feinden. Da hatte ein jüdischer Mundschenk, der im weit entfernten Babylon lebte, eine verrückte Idee.

Es geschah im Monat Kislew des zwanzigsten Jahres, als ich in der Festung Susa war, da kam Hanani, einer meiner Brüder, mit einigen Männern aus Juda. Und ich fragte sie, wie es den Juden ginge,

den Entronnenen, die aus der Gefangenschaft zurückgekehrt wa-
ren, und wie es Jerusalem ginge. Und sie sprachen zu mir: Die
Entronnenen, die zurückgekehrt sind aus der Gefangenschaft, sind
dort im Lande in großem Unglück und in Schmach; die Mauern Je-
rusalems liegen zerbrochen und seine Tore sind mit Feuer ver-
brannt. Als ich aber diese Worte hörte, setzte ich mich nieder und
weinte und trug Leid tagelang und fastete und betete vor dem Gott
des Himmels (Nehemia 1,1-4).

Nehemia besaß keinerlei Architekturkenntnisse und hatte keinerlei
Bauerfahrung in seinem Lebenslauf vorzuweisen. Soweit wir wissen,
war er nie in Jerusalem gewesen. Er war also in höchstem Maße unqualifiziert für ein solches Unterfangen. Ein Mundschenk, der die
Stadtmauer von Jerusalem wieder aufbaut – absurd, einfach lächerlich. Aber so ist das meistens, wenn wir den uns von Gott gegebenen
Leidenschaften folgen. Genauso lächerlich war es, als ein Bauer namens Noah eine Arche baute, ein Hirte namens David gegen einen Riesen kämpfte
oder ein Mörder namens Paulus die Hälfte des Neuen Testaments schrieb.

> Wenn es darum geht, den Willen Gottes zu tun, ist das, was uns Gott ins Herz legt, viel wichtiger als jede Qualifikation, die wir vorweisen können.

Wenn es darum geht, den Willen Gottes zu
tun, ist das, was uns Gott ins Herz legt, viel
wichtiger als jede Qualifikation, die wir vor-
weisen können. Gott gebraucht uns häufig
gerade dann, wenn wir völlig unfähig sind.
Denn dann bekommt er die Ehre.

Nehemia hätte das Verlangen, die Stadtmauer wiederaufzubauen,
leicht als abwegig abtun können. Er hätte eine Reihe von Ausreden
vorbringen können, um in Babylon zu bleiben. Warum übernahm sein
Bruder nicht diese Arbeit? Der kannte Jerusalem. Außerdem hatte Nehemia einen guten Posten. Ich weiß nicht genau, welchen Platz der
Mundschenk des Königs im babylonischen Organigramm einnahm,
aber immerhin arbeitete er für das Weiße Haus. Er hatte nicht nur einen sicheren Job; mit seinem Posten waren Vergünstigungen und Pri-
vilegien verbunden. Er hätte gut da bleiben können, wo er war. Und

der Wiederaufbau der Stadtmauer von Jerusalem war ganz gewiss nicht seine Aufgabe. Oder etwa doch?

Was ich jetzt schreibe, ist mir sehr wichtig: Wenn Gott Ihnen einen Wunsch ins Herz legt, sei es nun, Hungernden in Afrika zu helfen, Kindern in Großstädten ein Vorbild zu sein oder Filme mit der Botschaft der Erlösung zu produzieren, dann ist das Ihre klare Aufgabe. Und Sie haben eine Entscheidung zu treffen. Sind Sie unverantwortlich verantwortlich oder verantwortlich unverantwortlich?

Mein Freund Gary Haugen gründete eine Agentur für Menschenrechte, die *International Justice Mission* (*IJM*). Seine Geschichte weist eine erstaunliche Parallele zu der von Nehemia auf. Gary hatte einen guten Posten im Justizministerium. Dann wurde er an die Vereinten Nationen »ausgeliehen«, und zwar als Chefermittler bei der Aufklärung des Völkermords in Ruanda. Während Gary den unzähligen Opfern nachforschte, die bei dieser Tragödie ihr Leben verloren hatten, wurde er mit dem unendlichen Leid der Menschen in diesem Land konfrontiert.

Gary hätte nach seiner Heimkehr dieses Leid vergessen können. Doch stattdessen handelte er verantwortlich unverantwortlich. Er machte das Problem zu seinem eigenen und bemühte sich um eine Lösung. Zehn Jahre später stehen Rechtsanwälte, Ermittler und Sozialarbeiter der *IJM* an der Spitze des Kampfes gegen moderne Sklaverei und Unterdrückung in der ganzen Welt.

Vor einiger Zeit nahm ich an einer internen Besprechung von *IJM* teil. »Gebetsversammlung« wäre vielleicht die bessere Bezeichnung. Viele der Mitarbeiter sind Rechtsanwälte, die eigentlich sehr rational sind. Doch bei *IJM* ist nicht allein der Verstand wichtig. Leidenschaft hält alles am Laufen. Das merkte man an der Art, wie gebetet wurde. In vielen Kanzleien in Washington würden diese Rechtsanwälte viel mehr verdienen. Aber sie engagieren sich für eine Sache, die viel größer und wichtiger ist als ein hohes Gehalt. Sie folgen einer ihnen von Gott gegebenen Leidenschaft: Sie setzen sich für die Linderung des menschlichen Elends ein.

Vermutlich hätte Gary auch beim Justizministerium etwas bewirken können, aber sicherlich wäre seine Arbeit dort mit der Zeit für ihn zum Käfig geworden. Stattdessen entschied sich Gary dafür, Verantwortung für die Leidenschaft zu übernehmen, die Gott in sein Herz gelegt hatte.

Ich fragte Gary, wie er den Mut aufgebracht habe, seinen Posten beim Justizministerium aufzugeben, seiner Leidenschaft zu folgen und *IJM* zu gründen. Er erwiderte, das größte Hindernis sei seine Verantwortung als Ehemann und Vater gewesen. Im Vorfeld habe er die peinliche Möglichkeit, zu versagen, miteinbeziehen müssen. Wenn seine Pläne gescheitert wären, hätte er mit seiner ganzen Familie wieder zu seinen Eltern ziehen müssen.

Na, was meinen Sie? Klingt das nicht ziemlich unverantwortlich? Nicht, wenn Gott mit im Spiel ist! Das nenne ich verantwortliche Unverantwortlichkeit.

> Einer von Gott gegebenen Leidenschaft zu folgen, egal wie verrückt sie erscheinen mag, ist das Vernünftigste und Verantwortlichste, was Sie tun können.

Aus Erfahrung kann ich sagen, dass der Wille Gottes nicht immer leicht zu erkennen ist, weil er häufig eine Entscheidung erfordert, die unverantwortlich erscheint. Sie müssen vielleicht eine Stellung aufgeben, größere Veränderungen vornehmen oder einen Umzug in Kauf nehmen. Und vielleicht werden diejenigen, die die von Gott gegebene Motivation dahinter nicht erkennen können, Sie für unverantwortlich erklären. Aber einer von Gott gegebenen Leidenschaft zu folgen, egal wie verrückt sie erscheinen mag, ist das Vernünftigste und Verantwortlichste, was Sie tun können.

Erfolgreiche Versager

Während meines Studiums hatte ich einen Professor, der uns eine sehr gute Frage stellte, um herauszufinden, welche Leidenschaften uns von Gott gegeben wurden:»Was bringt euch zum Weinen oder macht euch so wütend, dass ihr mit der Faust auf den Tisch schlagen möchtet?« Mit anderen Worten: Was macht euch traurig? Oder was macht euch zornig? Übernatürliche Traurigkeit und rechtschaffene Empörung sind häufig ein Indikator für das, was uns von Gott aufs Herz gelegt wurde. Wie im Fall von Nehemia. Wenn uns etwas über viele Tage hinweg zum Weinen und Trauern, zum Fasten und Beten bringt, dann ist dies ein gutes Anzeichen dafür, dass Gott uns persönliche Verantwortung übertragen will und möchte, dass wir aktiv werden. Alles andere wäre unverantwortliche Verantwortlichkeit.

Also, was bringt Sie zum Weinen? Was bringt Sie dazu, mit der Faust auf den Tisch zu schlagen? Und ich möchte noch eine Frage hinzufügen: Was bringt Sie zum Lächeln? Wenn Sie erkennen wollen, welche Leidenschaften Ihnen von Gott gegeben wurden, dann müssen Sie herausfinden, was Sie traurig, zornig oder froh macht. Und irgendwo in der Traurigkeit, im Zorn und der Fröhlichkeit wird der Geist Gottes auf Sie warten.

> **Was bringt Sie zum Weinen? Was bringt Sie dazu, mit der Faust auf den Tisch zu schlagen?**

Von Gott gegebene Leidenschaften können uns das Herz brechen. Und sie können wie eine überwältigende Last erscheinen, die uns zu schwer ist. Aber wenn wir ihnen unbeirrt folgen, werden wir ein fruchtbares und erfüllendes Leben führen. Sie sind das, was uns morgens früh aufweckt und uns abends lange wach hält. Sie sind das, was einen Beruf zu einer Berufung werden lässt. Sie sind das, was uns eine Gänsehaut bereitet – eine »Wildgänsehaut«. Und nichts wird uns größere Freude bereiten.

Frederick Buechner schrieb einmal: »Die Stimme, auf die wir bei der Auswahl eines Berufes besonders gut hören sollten, ist die Stimme, auf die wir meinen, am wenigsten hören zu dürfen, und zwar die Stimme unseres eigenen Glückes. Was macht uns glücklich? Ich glaube, wenn eine Sache uns wahrhaft glücklich macht, dann ist sie etwas Gutes und wirklich für uns.«[5]

Vor einigen Jahrhunderten gab es Menschen in der Kirche, die danach fragten, ob etwas Freude machte, um zu entscheiden, ob etwas sündhaft war oder nicht. Wenn etwas Vergnügen bereitete, dann musste es falsch sein. Was für ein schrecklicher Test! Nicht einmal Gott würde ihn bestehen. In der Bibel lesen wir, dass er sich an seiner Schöpfung freute. Siebenmal heißt es im ersten Buch Mose: *Und Gott sah, dass es gut war* (1. Mose 1,4.10.12.18.21.25 und 31). Ganz offensichtlich hatte Gott Freude an seiner Aufgabe als Schöpfer (falls man das eine Aufgabe nennen kann).

Wenn wir den Leidenschaften folgen, die Gott in unser Herz gelegt hat, entsteht eine Verbindung zwischen richtigem Handeln und Freude. Gott möchte, dass uns das, was wir tun, Spaß macht. Wir alle haben von Menschen gehört, die extrem erfolgreich und extrem unglücklich sind, oder kennen einige sogar persönlich. Ich nenne sie »erfolgreiche Versager«. Ihre Leiter lehnt an der falschen Wand. Nehemia hätte auf der babylonischen Karriereleiter bis ganz nach oben steigen können, aber auf der obersten Sprosse hätte er tiefe Enttäuschung empfunden, weil die Leiter nicht an der Stadtmauer Jerusalems gelehnt hätte. Menschen, die die falsche Leiter hochsteigen, haben bei den falschen Dingen Erfolg. Sicher, sie verdienen möglicherweise viel Geld oder genießen ihre fünfzehn Minuten im Rampenlicht. Aber was nützt es? Ich würde lieber bei etwas versagen, an dem ich Freude habe, als bei etwas Erfolg haben, an dem ich keine Freude habe.

Der Augenblick der Empfängnis

Was begehrst du denn? (Nehemia 2,4). Diese Frage richtete der König an Nehemia. Und sie führt uns zum Wesen der Leidenschaft. Ein Großteil unserer Probleme ist darauf zurückzuführen, dass viele von uns diese Frage nicht beantworten können. Wir wissen nicht, was wir wollen. Wir haben es versäumt, unsere Ziele, Werte oder Leidenschaften zu definieren, darum kommen wir unseren Herzenswünschen nicht auf die Spur. Und unsere ständig zunehmenden Pflichten haben uns taub gemacht für die Möglichkeiten um uns herum und die Leidenschaften in uns. Bei Nehemia war das anders. Er wusste genau, was er wollte. In seinem Geist war Leidenschaft aufgeflammt. Und Nehemia hatte bereits mehrere Monate nachgedacht und gebetet, als der König ihm diese Frage stellte.

> Wir haben es versäumt, unsere Ziele, Werte oder Leidenschaften zu definieren, darum kommen wir unseren Herzenswünschen nicht auf die Spur.

Es war der Augenblick der Wahrheit. Nehemia musste entscheiden zwischen seiner menschlichen Verantwortung und einer von Gott gegebenen Gelegenheit. Er beschloss, aus dem Käfig auszubrechen und der Wildgans nachzujagen ... und damit begann das Abenteuer. *Da betete ich zu dem Gott des Himmels und sprach zum König: Gefällt es dem König und hat dein Knecht Gnade gefunden vor dir, so wollest du mich nach Juda reisen lassen, in die Stadt, wo meine Väter begraben sind, damit ich sie wieder aufbaue* (Nehemia 2,4-5). In diesem Augenblick begann die Leidenschaft, die Nehemia von Gott bekommen hatte, stärker zu werden.

Kaum etwas ist so wunderbar wie der Augenblick der menschlichen Empfängnis. Ein Sperma dringt in ein Ei ein. Alle genetischen Daten, die bestimmen, wie ein Mensch sein wird – von den Gesichtszügen bis zu den Persönlichkeitsmerkmalen –, sind in dieser einzigen Zelle gespeichert. Und dann beginnt der neun Monate andauernde Reifeprozess. Der Körper der Mutter schüttet Hormone aus, bevor sie überhaupt weiß, dass sie schwanger ist. Das Herz des Babys beginnt am zweiundzwanzigsten Tag zu schlagen. Nach vier Wochen hat sich diese eine Zelle zehntausendfach vergrößert. Ungefähr am zweiundvierzigsten Tag beginnen sich die Neutronen zu vermehren, etwa zehntausend pro Sekunde. Alles, vom Sehnerv bis zur Hörrinde und dem Atmungssystem, wird im Mutterleib gebildet. Was für ein Wunder!

Manchmal hänge ich Tagträumen nach, was wohl aus meinen Kindern werden wird. Wie werden sich ihre Persönlichkeiten entwickeln? Welchen Leidenschaften werden sie folgen? Welches Vermächtnis werden sie zurücklassen? Ich glaube daran, dass Gott Großes tun kann. Alle Eltern sollten das tun. Es ist natürlich und normal, davon zu träumen, was aus den eigenen Kindern wird. Aber unbegreiflich für mich ist, dass ein großer Teil dessen, was sie ausmacht, bereits im Augenblick der Empfängnis in sie hineingelegt wird. Unser Schicksal ist in gewisser Hinsicht in dem mikroskopisch kleinen DNA-Code festgeschrieben.

Aber was hat das alles damit zu tun, unseren Leidenschaften zu folgen? Leidenschaften werden auf ähnliche Weise empfangen. Die

Wildgansjagd beginnt häufig als ein »einzelliger« Wunsch. Wir empfangen etwas Unerklärliches und Unaussprechliches. Etwas macht uns zornig oder traurig oder fröhlich. Wir bekommen eine Gänsehaut. Der Psalmist drückt es folgendermaßen aus: *Habe deine Lust am Herrn; der wird dir geben, was dein Herz wünscht* (Psalm 37,4). Wenn wir unsere Freude am Herrn haben, werden neue Wünsche in uns wach, die Gott in unser Herz legt. Und diese von Gott gegebenen Wünsche werden zu einem inneren Kompass, der uns auf unserer Wildgansjagd die Richtung anzeigt.

Ich finde es aufregend, dass wir nicht wissen, wie wir von Gott eine bestimmte Leidenschaft empfangen. Es kann bei einem ganz gewöhnlichen Gespräch passieren oder auf einer Missionsreise. Manchmal geschieht es während des Unterrichts oder beim Lesen eines Buches. Der Auslöser kann sogar ein Todesfall oder eine Scheidung sein.

Bei Nehemia war es eine Nachricht, die er erhielt. Er hatte sich erkundigt, wie es in Jerusalem stehe, und die Antwort seines Bruders veränderte die Richtung seines Lebens. Er bekam den Wunsch, die Stadtmauer Jerusalems aufzubauen. Darauf folgte ein Reifeprozess. Nehemia fastete und betete, bis die Leidenschaft richtig am Brennen war.

> Wir müssen anfangen zu beten ... und irgendwann müssen wir aufhören zu beten und aktiv werden.

Wenn Sie noch nie darüber nachgedacht haben, welche Leidenschaften Ihnen von Gott gegeben wurden, fangen Sie an zu beten. Gebet macht uns geistlich fruchtbar. Und je mehr wir beten, desto größer wird unsere Leidenschaft. Unsere Überzeugungen werden stärker und unsere Träume größer.

Es ist kein Zufall, dass das Gebet in Nehemias Bericht achtmal erwähnt wird. Nehemia betete, als hinge alles von Gott ab. Und das ist schon die halbe Miete, wollen wir unseren Leidenschaften folgen. Die andere Hälfte ist, dass wir arbeiten, als hinge alles von uns ab. Oder vielleicht sollte ich es anders ausdrücken: Wir müssen anfangen zu beten ... und irgendwann müssen wir aufhören zu beten und aktiv werden.

Das Beten einstellen

Vor mehreren Jahren gehörte ich gemeinsam mit einem Freund, der bei der *InterVarsity Christian Fellowship* an der Universität von Georgetown arbeitete, zu einer kleinen Männergruppe. Als wir am Ende eines Treffens Gebetsanliegen austauschten, erzählte mein Freund, die *InterVarsity Fellowship* brauche dringend einen Computer. Ich versprach, dafür zu beten. Ich begann auch tatsächlich zu beten, Gott möge ihnen einen Computer schenken, doch dann hatte ich das Gefühl, als würde Gott mir Einhalt gebieten. Es ist schwer zu beschreiben, in welchem Tonfall diese Unterbrechung geschah. Streng, aber nicht unfreundlich. Es war, als flüstere der Heilige Geist mir zu: »Warum bittest du mich darum? Du besitzt doch selbst einen Computer, den du nicht mehr brauchst.«

Und so beendete ich mein Gebet mitten im Satz und beschloss, aktiv zu werden. Ich erzählte meinem Freund, ich hätte einen Computer, den ich ihm schenken wolle. Und so wurde ich die Antwort auf mein eigenes Gebet. Warum bitten wir Gott, etwas für uns zu tun, wenn es in unserer Macht steht, es selbst zu tun?

Es gibt Dinge, für die wir *nicht* beten müssen. Wir brauchen nicht darüber beten, ob wir unseren Nachbarn lieben sollen. Wir brauchen nicht darüber beten, ob wir großzügig geben oder aufopferungsvoll dienen sollen. Wir brauchen nicht darüber beten, ob wir jemanden segnen sollen, wenn es in unserer Macht steht, es zu tun. Gott hat bereits gesprochen. Wir müssen das Beten einstellen und aktiv werden.

Füllen Sie die Anmeldung aus.

Greifen Sie zum Telefonhörer.

Krempeln Sie die Ärmel hoch.

Überweisen Sie das Geld.

Vereinbaren Sie das Treffen.

Führen Sie das Gespräch.

Tun Sie den ersten Schritt.

Mich persönlich hat ein Zitat von Peter Marshall angesprochen, dem ehemaligen Kaplan des Senats der Vereinigten Staaten, der vorschlägt, handlungsorientiert an die Bibel heranzugehen:

Ich frage mich, was geschehen würde, wenn wir alle bereit wären, eines der Evangelien zu lesen, bis wir zu einer Stelle kommen, in der wir aufgefordert werden, etwas Bestimmtes zu tun, und dann losgingen, um es zu tun, und erst nachdem wir es getan haben, weiterlesen würden? Manche Aspekte in den Evangelien sind verwirrend und schwer zu verstehen. Aber unsere Probleme sind nicht verursacht durch das, was wir nicht verstehen, sondern vielmehr durch das, was wir verstehen, was wir gar nicht missverstehen können. Unser Problem ist nicht so sehr, dass wir nicht wissen, was wir tun sollen. Wir wissen es sogar sehr genau, aber wir wollen es nicht tun.[6]

Bitte missverstehen Sie mich nicht. Grundsätzlich sollten Sie alles im Gebet vor Gott bringen. Und dann noch mehr beten. Aber an irgendeinem Punkt müssen Sie aufhören zu beten und anfangen, selbst aktiv zu werden.

Wir machen einen großen Fehler, wenn wir Gott bitten, für uns zu tun, was wir eigentlich für ihn tun sollten. Wir bringen tatsächlich oft durcheinander, was zu unseren Aufgaben gehört. Zum Beispiel versuchen wir, die Menschen in unserer Umgebung auf Sünde aufmerksam zu machen. Aber das ist eigentlich die Aufgabe des Heiligen Geistes, nicht unsere. Und wenn wir Gott spielen, dann leisten wir darin nicht nur schlechte Arbeit, sondern wir verhalten uns auch noch kontraproduktiv. Umgekehrt wird Gott uns nicht abnehmen, was wir selbst erledigen können. An dieser Stelle bleiben viele von uns geistlich stecken.

Vor einiger Zeit bekam ich eine E-Mail von Becky, einem Mitglied meiner Gemeinde. Sie folgte ihrer von Gott gegebenen Leidenschaft um die halbe Welt.

Ich flog nach Indien, um mit Frauen und Kindern zu arbeiten, die in die Sex-Sklaverei verkauft wurden. Die meisten dieser Frauen waren eigentlich Nepalesinnen und arbeiteten als Zwangsprostituierte in Indiens berüchtigten Rotlichtbezirken. Ihre Kinder kamen in Bordellen zur Welt und kannten im Leben nichts anderes als Gewalt, Vergewaltigungen und Hunger. Obwohl ich diese Frauen nicht aus ihrer Situation befreien konnte, gab ich den Überlebenden und Kindern Hoffnung und ermutigte sie. Ich bot Tanztherapie an, um die Opfer wieder in Kontakt mit ihrem Körper zu bringen und ihnen zu helfen, zu erkennen, dass sie wunderschöne Geschöpfe Gottes sind.

Der Bezirk, in dem wir arbeiteten, war schrecklich arm und ein Malariagebiet, und als Aktivistin gegen den Menschenhandel drohte mir Gefahr von den Menschenhändlern und Bordellbesitzern. Meine Eltern flehten mich an, von dort wegzugehen. Aber ich konnte nicht. In den blutunterlaufenen, traumatisierten und wunderschönen Augen der Frauen, die mich baten, sie zu berühren, zu trösten, zu umarmen und letztlich zu lieben, konnte ich Gott erkennen.

Wenn wir Christen glauben, dass Gott in jedem Menschen lebt, warum handeln wir dann nicht danach? Warum wenden wir unseren Blick ab von den Armen, den Witwen, den Waisen und Prostituierten? Obwohl Gebet notwendig ist und Trost bringt, reicht es nicht aus, um Not zu lindern. Gott hat seinen Sohn nicht gesandt, damit er für uns betet, sondern damit er durch sein Handeln für uns eintritt. Was mich mehr erzürnt als das Böse, sind Menschen, die durch ihre Passivität Ungerechtigkeit zulassen. Jesus hat Gottes Botschaft zur Tat werden lassen, und wir sollten es als unsere Aufgabe betrachten, in unserem Leben aktiv zu werden, wie Jesus es gewesen ist.

Wenn das Christentum für uns ein Nomen ist, dann kann etwas nicht stimmen. Das Christentum sollte eigentlich ein Verb sein. Ein Verb, das eine aktive Handlung beschreibt. Die Apostelgeschichte ist kein Buch der *Ideen*, *Theorien* oder *Worte*. Es ist das Buch der *Taten* – daher passt im Englischen der Name *Book of Acts* sehr gut. Wenn die Kirche des einundzwanzigsten Jahrhunderts weniger redete und mehr

> Viele von uns leben, als rechneten wir damit, dass Gott sagt: »Gut gedacht, du guter und treuer Knecht!«, oder: »Gut gesagt, du guter und treuer Knecht!«

täte, könnten wir vielleicht genauso viel bewirken wie die Kirche des ersten Jahrhunderts.

Viele von uns leben, als rechneten wir damit, dass Gott sagt: »Gut *gedacht*, du guter und treuer Knecht!«, oder: »Gut *gesagt*, du guter und treuer Knecht!« Gott wird keins von beidem sagen. Es gibt nur ein Lob, und das können wir uns erwerben, wenn wir den uns von Gott gegebenen Leidenschaften folgen: »Gut *gemacht*, du guter und treuer Knecht!« (siehe Matthäus 25,23).

Nasse Füße

Vor einiger Zeit hatte ich mich mit einem Freund, der für die *Willow Creek Association* im Bezirk Chicago arbeitet, zum Frühstück verabredet. Paul war anlässlich des jährlichen Gebetsfrühstücks im Weißen Haus in der Stadt, und ich fragte ihn, wie er zu der Einladung gekommen war. In Ordnung, ich gebe es zu: Ich war ein wenig neidisch!

Paul erzählte mir, er habe das Gefühl gehabt, bei dem Gebetsfrühstück teilnehmen zu müssen, aber er habe nicht gewusst, warum, oder wie er eine Einladung bekommen könne. Er wollte nichts manipulieren oder erzwingen, sondern er hatte einfach das Gefühl, dass Gott ihn dort haben wollte.

Zufällig hatte Paul einen Freund, der Verbindungen zum Weißen Haus besaß. Er fragte diesen Freund, ob er ihm eine Einladung verschaffen könne. Sein Freund erklärte, er würde mal sehen, was sich machen ließe, aber die Liste der geladenen Gäste sei recht begrenzt. Paul fragte alle paar Wochen bei seinem Freund nach – sechs Wochen vorher, vier Wochen vorher, zwei Wochen vorher, zwei Tage vorher. Nichts!

Am Tag vor dem Ereignis rief Paul alle fünf Minuten seine E-Mails ab. Keine Einladung. Aber er konnte das Gefühl nicht loswerden, dass er dort sein musste. Um 16.30 Uhr erkundigte er sich daher bei der Fluglinie, ob noch ein Last-Minute-Flug nach Washington zu bekommen sei. Und es gab tatsächlich einen Flug, auf dem noch ein Platz frei war. Er würde um 19.30 Uhr vom *O'Hare International Airport* starten. Daraufhin rief Paul seine Frau an und sagte:»Rede es mir aus.« Sie redete es ihm nicht aus. Sie packte sogar seinen Koffer, den sie ihm zum Flughafen brachte. Es war irgendwie sinnlos, das Flugzeug ohne Einladung zu besteigen, aber Paul tat es.

Als er in Washington landete, checkte er in einem Hotel ein und rief sofort seine E-Mails ab. Die Einladung war nicht im Posteingang. Am nächsten Morgen flog er nach Chicago zurück, fest entschlossen, so etwas nie wieder zu tun.

Ich mache nur Spaß. So hätte es tatsächlich ausgehen können, aber es kam anders. Während Paul im Flugzeug saß, kam tatsächlich die Einladung. Sie wartete bereits bei der Landung in seinem Postfach. Wenn er nicht am Abend aufs Geratewohl ins Flugzeug gestiegen wäre, hätte er trotz Einladung nicht am Gebetsfrühstück teilnehmen können, weil er, selbst wenn er den ersten Flug von Chicago genommen hätte, nicht pünktlich zu der Veranstaltung gekommen wäre.

Und nun zum Hintergrund der ganzen Geschichte: Am Morgen vor dem Gebetsfrühstück hatte Paul die berüchtigte»Schlag die Bibel auf und fang an zu lesen, wo immer dein Finger landet«-Methode angewandt. Ich empfehle nicht, die Bibel regelmäßig so zu lesen, aber manchmal funktioniert sie auf seltsame und geheimnisvolle Weise. Wie auch immer, Pauls Finger landete zufällig auf der Stelle im Buch Josua, wo die Israeliten kurz davor stehen, ins verheißene Land einzuziehen. Gott trägt den Priestern auf, ein paar Schritte in den Fluss zu gehen (vgl. Josua 3,9-13).

Dieser Auftrag hat mich immer fasziniert, denn wenn ich zu den Priestern gehört hätte, hätte ich anders gedacht:»Gott, warum teilst du nicht zuerst das Wasser und dann gehe ich in den Fluss? Auf diese Weise bekomme ich keine nassen Füße.« Aber ich denke, es handelte sich um einen geistlichen Test. Gott

> Gott wollte sehen, ob die Priester genug Glauben hatten, um sich die Füße nass zu machen.

wollte sehen, ob die Priester genug Glauben hatten, um sich die Füße nass zu machen. Und erst nachdem sie bereit waren, diesen ersten Glaubensschritt zu tun, teilte er auf übernatürliche Weise den Jordan.

Um 16.30 Uhr am Nachmittag vor dem Gebetsfrühstück erinnerte sich Paul wieder an die Stelle, die er am Morgen gelesen hatte, und es war ihm, als würde Gott ihm auftragen, in den Fluss zu steigen und nasse Füße zu riskieren, indem er ein Flugticket nach Washington buchte. Den Rest kennen wir.

Den Willen Gottes zu erkennen, ist keine genaue Wissenschaft. Ich habe keine sieben Schritte umfassende Formel für Sie. Und ich muss gestehen, dass auch ich Gottes Willen für mich mehr als einmal nicht erkannt habe. Aber ich weiß, dass uns der Heilige Geist und die Bibel dabei helfen werden. Wenn wir sein Wort aufschlagen, wird Gott seinen Mund öffnen und durch sein Wort zu uns reden. Und dann sollten wir danach handeln. Wir sollten aufhören zu beten und uns die Füße nass machen.

Wissen Sie, warum einige von uns nie erlebt haben, wie Gott einen Fluss teilt? Weil unsere Füße immer noch fest auf trockenem Boden stehen. Wir warten auf Gott, während Gott auf uns wartet!

Die Zeichen, die folgen werden

Viele von uns wünschen sich, dass Gott uns übernatürliche Zeichen schickt, *bevor* wir aus dem Käfig gehen. Wir möchten, dass Gott den Fluss teilt, bevor wir nasse Füße bekommen. Warum? Damit für unseren Glauben kein Glaube notwendig ist! Verstehen Sie mich nicht falsch. Manchmal schickt Gott uns ein übernatürliches Zeichen, um uns genau so viel Glauben zu schenken, dass wir den ersten Schritt tun können, um unseren Leidenschaften nachzugehen. Aber häufiger geschieht es, dass der Glaube vor den Zeichen kommt. *Die Zeichen folgen auf den Glauben.* So lautet das Muster, das wir in der Bibel finden.

Im Buch Markus wird es folgendermaßen ausgedrückt: *Sie aber zogen aus und predigten an allen Orten. Und der Herr wirkte mit ihnen und bekräftigte das Wort durch die mitfolgenden Zeichen* (Markus 16,20). Wenn Sie dem Geist Gottes nachjagen wollen, müssen Sie sich mit den letzten beiden Worten des Markusevangeliums arrangieren: »mitfolgende Zeichen«.

Nach meiner Erfahrung kommt zuerst die Entscheidung und dann folgen die Zeichen. Wenn wir uns um schwierige Entscheidungen nicht herumdrücken, überwinden wir unsere geistliche Trägheit. So bekommt unser geistliches Leben Kraft. Und je schwieriger die Entscheidung, desto mehr Kraft wird sie in unser Leben bringen. Viele von uns erleben nicht, dass Gott sich bewegt, weil sie sich nicht bewegen. Wenn Sie Gott in Bewegung sehen wollen, müssen Sie sich selbst in Bewegung setzen!

> **Viele von uns erleben nicht, dass Gott sich bewegt, weil sie sich nicht bewegen.**

Diese Lektion habe ich auf dramatische Weise in unserem ersten Jahr in der *National Community Church* lernen müssen. Monatelang hatten wir für einen Schlagzeuger für unser Anbetungsteam gebetet, aber ich hatte das Gefühl, meinem Glauben Taten folgen lassen zu müssen, darum erwarb ich für vierhundert Dollar ein Schlagzeug. Das war an einem Donnerstag. Unser erster Schlagzeuger tauchte am folgenden Sonntag auf. Und er war gut. Er gehörte sogar zum *United States Marine Drum and Bugle Corps.*

Ich kann nicht versprechen, dass die Zeichen innerhalb von drei Minuten, drei Stunden oder drei Tagen auf Ihren Glauben folgen werden. Aber wenn Sie im Glauben den ersten Schritt tun, werden sie unweigerlich folgen. Gott wird unsere Erwartungen nicht enttäuschen; wir dürfen in heiliger Vorfreude leben. Wir werden es nicht erwarten können zu erleben, was Gott als Nächstes tun wird.

Nehemia wartete nicht auf ein Zeichen. Er hatte den Mut, seinen Posten aufzugeben. Als er das tat, bestätigte Gott seine Leidenschaft durch nachfolgende Zeichen. Der König schrieb ihm nicht nur eine freundliche Referenz; er gab ihm sogar Geleit:

> *Und [ich] sprach zum König: Gefällt es dem König, so gebe man mir Briefe an die Statthalter jenseits des Euphrat, damit sie mir Geleit geben, bis ich nach Juda komme, und auch Briefe an Asaf, den obersten Aufseher über die Wälder des Königs, damit er mir Holz gebe zu Balken für die Pforten der Burg beim Tempel und für die Stadtmauer und für das Haus, in das ich einziehen soll. Und*

der König gab sie mir, weil die gnädige Hand meines Gottes über mir war. Und als ich zu den Statthaltern jenseits des Euphrat kam, gab ich ihnen die Briefe des Königs. Der König hatte aber Hauptleute und Reiter mit mir gesandt (Nehemia 2,7-9).

Es gibt Augenblicke im Leben, wo unsere Leidenschaften und die Absichten Gottes in übernatürlichem Einklang zusammenfließen. Dies sind die Augenblicke, wo wir lebendig werden. Es sind die Augenblicke, in denen die Souveränität Gottes unsere Unfähigkeit überstrahlt. Und es sind die Augenblicke, in denen unser Erfolg allein der Gunst Gottes zugeschrieben werden kann. Gott tut etwas für uns, das wir selbst nie hätten tun können.

Für Nehemia war dies ein solcher Augenblick. Sicher, er hatte sehr sorgfältig geplant. Er wusste genau, worum er bitten sollte, nicht wahr? Aber Gottes Fingerabdrücke waren nicht zu übersehen. Der König erteilte ihm nicht nur die Erlaubnis, die Stadtmauer wieder aufzubauen. Er gab ihm Empfehlungsschreiben mit und stellte ihm die entsprechenden Mittel zur Verfügung. Er schickte sogar seine Armee als Begleitschutz mit. Und all das hatte nur einen Grund: Nehemia bat um Gunst und Gott gewährte sie ihm.

Ich bete immerzu um Gunst. Eigentlich bete ich mehr um Gunst als um irgendetwas anderes. Ich bete um die Gunst Gottes für meine Kinder, für mein Leben. Und ich bete um die Gunst Gottes für die *National Community Church*. Die Gunst Gottes gibt mir das sichere Gefühl, eine Bestimmung zu haben. Ich weiß, dass Gott jederzeit eingreifen und einen gewöhnlichen Augenblick zu einem entscheidenden Augenblick machen kann. Das geschah zum Beispiel am 12. August 2001.

> Ich weiß, dass Gott jederzeit eingreifen und einen gewöhnlichen Augenblick zu einem entscheidenden Augenblick machen kann.

In den ersten Jahren tat sich die *National Community Church* mit dem Wachstum ziemlich schwer. Und dann, an jenem Tag im August, sollte in der Sonntagsausgabe der *Washington Post* ein Artikel über die *NCC* erscheinen. Ich ging davon aus, dass er irgendwo im Religionsteil versteckt sein würde, doch zu meinem Erstaunen prangte er auf der Titelseite. In den folgenden Wochen kamen Hunderte Besucher zum ersten Mal zu uns und wir erlebten unseren ersten merklichen Wachstumsschub. Natürlich ist es nicht schwer, auf die Titelseite zu kommen. Man braucht bloß eine Dummheit zu begehen. Aber wir dürfen Gott für gute Presse dankbar sein. Und ich bin davon überzeugt, dass Gott für unsere Kirche getan hat, was wir nie selbst hätten tun können. Durch diesen Artikel wurden wir in Washington D.C. bekannt.

Ich habe einen Wunsch, der mit den Jahren immer stärker wird: Ich möchte nichts tun, zu dem ich von mir alleine aus fähig bin. Warum? Weil ich dann das Lob für mich in Anspruch nehme. Ich möchte erleben, dass Gott in mir und durch mich Dinge tut, zu denen ich selbst nicht fähig bin, damit ich auch das Lob nicht auf mein Konto verbuchen kann.

Der beste Mundschenk

Jede Woche darf ich vor Tausenden Menschen predigen, auch über Podcast, und ich bin dankbar für die Gelegenheit, sie zu beeinflussen. Aber ich möchte Ihnen erzählen, wie meine Arbeit begonnen hat. Mein Predigtdienst startete in Obdachlosen- und Pflegeheimen. Ich war sozusagen der John Wesley der Pflegeheime. Und damit waren wirklich keine Lorbeeren zu gewinnen. Eines Tages stand während eines Gottesdienstes eine Achtzigjährige, die an Demenz litt, mitten in meiner Predigt auf und fing an, sich auszuziehen. Dabei schrie sie, so laut sie konnte: »Schafft ihn hier raus! Schafft ihn hier raus!« Nach so einem Erlebnis kann einen nicht mehr viel erschüttern.

Während des Studiums hatte ich mich einer Gemeinde angeschlossen, in deren Gottesdiensten durchschnittlich zwölf Leute waren. Dort sammelte ich meine ersten Predigterfahrungen. In dieser Kirche standen übrigens nur sieben Bänke. Oft habe ich über den Architekten dieser Kirche nachgedacht. Was für eine Vision! *Eines Tages wird diese Gemeinde so groß sein, dass sieben ganze Kirchenbänke besetzt sind!* Natürlich halfen meine ersten Predigten nicht unbedingt dabei, dass diese Vision Wirklichkeit wurde!

Ich schreibe jetzt scherzhaft über das Ganze, aber damals war es mir sehr ernst. Ich bereitete jede dieser Predigten vor, als wäre sie die wichtigste, die ich je halten würde. Und ich tat das, weil ich der Überzeugung war, dass Gott mir, wenn ich im Kleinen treu wäre, größere Aufgaben übertragen würde. Wenn ich viele kleine Gelegenheiten genutzt hätte, würde Gott meinen Einflussbereich erweitern – und so war es letztlich auch.

> **Ihr Herz schlägt für Jerusalem, doch Sie hängen im tausend Meilen weiter östlich gelegenen Babylon fest.**

Vielleicht geht es Ihnen ein wenig wie Nehemia. Ihr Herz schlägt für Jerusalem, doch Sie hängen im tausend Meilen weiter östlich gelegenen Babylon fest. Sie haben keine Ahnung, wie Sie von Ihrem gegenwärtigen Aufenthaltsort zu dem Ort kommen sollen, wo Sie gern sein möchten. Ihr Job gefällt Ihnen nicht. Sie mögen Ihren Vorgesetzten nicht. Oder Sie sind unzufrieden mit Ihren Zukunftsaussichten. Und Sie fühlen sich ausgelaugt und jeder Leidenschaft beraubt.

Ich mag meine Arbeit als Pastor sehr gerne und auch meine schriftstellerische Tätigkeit, aber ich möchte Ihnen ganz gewiss nicht den Eindruck vermitteln, dass ich jeden Morgen energiegeladen aus dem Bett springe und bereit bin, die Welt aus den Angeln zu heben. Nebenbei bemerkt, normalerweise drücke ich morgens zwei- oder dreimal auf die Schlummertaste meines Weckers. Nicht selten wache ich mit einem steifen Rücken auf. Und als Erstes gehe ich morgens mit unserem Hund spazieren und sammle seine Haufen ein. Das ist absolut nicht glanzvoll oder ruhmreich.

Im Laufe der Jahre habe ich eine Menge Jobs nur deshalb übernommen, weil ich meinen Lebensunterhalt verdienen musste. In der Highschool arbeitete ich an einer Tankstelle. Das war meine erste Arbeit. Ich verabscheute diese hässliche braune Uniform; besonders schämte ich mich, wenn meine Freunde vorbeikamen. Während meines Studiums am College habe ich einen Sommer lang Gräben ausgehoben, was eine Erklärung wäre für die Rückenschmerzen, die mich neuerdings quälen. Und als ich mein Pastorenamt in der *NCC* antrat, hatte ich noch einen zweiten Job, damit wir über die Runden kamen.

Ich schätze, dass wir alle schon einmal in irgendeinem Babylon festgehangen haben. Was tun Sie, wenn Sie sich in einer solchen Situation oder Lebensphase befinden? Ich kann Ihnen nur einen Rat geben: Seien Sie der beste Mundschenk, den es gibt. Denn hier beginnt das Abenteuer.

Jammern Sie nicht. Beklagen Sie sich nicht. Und steigen Sie nicht aus. Machen Sie das Beste aus Ihrer Situation. Tun Sie die kleinen Dinge, als wären es große. Behalten Sie eine gute Grundeinstellung. Und erfüllen Sie treu Ihre Pflichten. Wenn Ihre Arbeit nicht aufregend ist, dann bringen Sie doch ein bisschen Aufregung hinein. Wenn Sie in einer schlimmen Situation eine gute Haltung bewahren, ist das eine großartige Art und Weise, Gott anzubeten. Sie geben ihm die Ehre, wenn Sie einen schlechten Job gut ausüben. Und dabei werden sich Türen für Sie öffnen. So war es zumindest bei Nehemia.

Wenn wir uns den Bericht in der Bibel ansehen, können wir, denke ich, davon ausgehen, dass Nehemia optimistisch in die Zukunft blickte. Tag für Tag ging er energiegeladen an seine Aufgaben. Woher ich das weiß? Weil der König eine Veränderung in Nehemias Verhalten bemerkte. Durch sein Auftreten im Alltag schuf er die Grundlage für die Chance seines Lebens. *Bis dahin hatte ich in seiner Gegenwart noch nie Trauer gezeigt. Da sprach der König zu mir:* »*Warum siehst du so traurig aus? Du bist doch nicht krank? Dann kann dies nur bedeuten, dass du Kummer in deinem Herzen hast!*« (Nehemia 2,1-2; NLB).

Nehemia ging einem ganz normalen Job nach. Er kostete das Essen des Königs, bediente an den Tischen und spülte das Geschirr. Aber er war gewissenhaft in der Ausübung seiner Pflicht, trotz seiner Umstände. Das verstehe ich unter Erfolg. Nehemia hatte Erfolg, lange bevor er die Stadtmauern Jerusalems aufbaute. Und ich habe festgestellt, dass Gott uns, wenn wir in Babylon treu sind, häufig tausend Meilen entfernt segnen wird.

> Nehemia hatte Erfolg, lange bevor er die Stadtmauern Jerusalems aufbaute.

»Suchen Sie sich Ihr eigenes Kalkutta«

In gewisser Weise scheint Nehemia ein Senkrechtstarter zu sein. Er baute die Stadtmauer Jerusalems in nur zweiundfünfzig Tagen wieder auf. Aber seine Leidenschaft hatte Monate gebraucht, um in ihm zu reifen, bevor er sie in Worte fasste.[7] Die Reise nach Jerusalem dauerte sicherlich ebenfalls mehrere Monate. Und Nehemia hatte unterwegs mit Hindernissen zu kämpfen, zum Beispiel mit den beiden Verbrechern Sanballat und Tobija.

Wenn wir die Geschichten der Personen aus der Bibel lesen, unterschätzen wir manchmal, wie lange es dauerte, bis sie schafften, was sie schafften. Wir lesen ihre Geschichte innerhalb von wenigen Minuten und neigen dazu, zu übersehen, dass ihre Leidenschaften nicht selten jahrelang ruhten oder unerfüllt blieben. Aus der Erfahrung kann ich sagen, dass die Wildgans keine Abkürzungen nimmt. Sie führt uns gern über eine landschaftlich schöne Strecke, weil wir dort die wertvollsten Lektionen lernen – auch wenn es dann etwas kurviger und hügeliger wird.

Ich bin nicht sicher, wo Sie im Moment in Bezug auf Ihre Wildgansjagd stehen. Vielleicht haben Sie das Gefühl, in einer Sackgasse festzustecken. Vielleicht sind Ihre Leidenschaften von Ihren Pflichten erstickt worden. Vielleicht haben Sie auch das Gefühl, zu viel zu verlieren, wenn Sie jetzt eine Richtungsänderung vornehmen. Ich weiß nicht, was Sie davon abhält, den Leidenschaften zu folgen, die Gott Ihnen gegeben hat, aber ich bin sicher, dass sich Ihr Leben ändern wird, wenn Sie den Mut haben, aus Ihrem Käfig auszubrechen.

Als Teenager bekam Agnes Gonxha Bojaxhiu den Ruf in die Mission. Sie absolvierte ihre Ausbildung zum Missionsdienst in Irland und Indien. Und eines Tages sprach sie mit ihren Vorgesetzten über die Leidenschaft, die Gott ihr ins Herz gelegt hatte. Sie sagte: »Ich habe drei Pennys und den Traum von Gott, ein Waisenhaus aufzubauen.«

Ihre Vorgesetzten erwiderten: »Mit drei Pennys können Sie kein Waisenhaus aufbauen. Mit drei Pennys können Sie gar nichts tun.«

Agnes lächelte und antwortete: »Das weiß ich. Aber mit Gott und drei Pennys kann ich alles schaffen.«[8]

Fünfzig Jahre lang arbeitete Agnes unter den Ärmsten der Armen in den Slums von Kalkutta. 1979 wurde die Frau, die wir als Mutter Teresa kennen, mit dem Nobelpreis ausgezeichnet. Keine Frage, es ist ein langer Weg von drei Pennys zu einem Nobelpreis. Und ich frage mich, wie diese Frau mit so wenig materiellem Besitz so viel bewirken konnte. Die Antwort ist einfach: Wir sollten niemals einen Menschen unterschätzen, der den Mut hat, aus seinem Käfig auszubrechen und der ihm von Gott gegebenen Leidenschaft zu folgen.

> Wir sollten niemals einen Menschen unterschätzen, der den Mut hat, aus seinem Käfig auszubrechen und der ihm von Gott gegebenen Leidenschaft zu folgen.

Gegen Ende ihres Dienstes wurde Mutter Teresa häufig von ihren Bewunderern gefragt, wie sie in ihrem Leben etwas bewirken könnten. Mutter Teresas oft zitierte Antwort bestand aus fünf Worten: »Finden Sie Ihr eigenes Kalkutta.«

Vor ein paar Jahren hielt ich den Trauergottesdienst für eine Mitarbeiterin des Senats, die zu unserer Gemeinde gehörte. Jayona hatte nie ein einflussreiches Amt bekleidet. Sie war als Verwaltungshelferin verantwortlich für die Korrespondenz – eine unbedeutende Position auf dem *Capitol Hill*. Jayona hatte vierzehn Jahre lang die Post geöffnet. Aber sie hatte ihr Bestes gegeben. Sie hatte ihren Kollegen auch Knöpfe angenäht, Praktikanten weitergeholfen und Unmengen von Schokoladenkeksen gebacken.

Ihren Trauergottesdienst werde ich nie vergessen. Er fand im *Caucus Room* im Russell-Senatsgebäude statt. In diesem Raum haben einige der wichtigsten Anhörungen bedeutender Persönlichkeiten in der Geschichte unseres Volkes stattgefunden. Viele Menschen waren gekommen, um ihr die letzte Ehre zu erweisen, und ich konnte ihnen sagen, dass Jayona sich für sie eine persönliche Beziehung zu Jesus Christus wünschte, wie sie selbst sie gehabt hatte. Vermutlich hörten viele ihrer Kollegen und einige Mitglieder des Kongresses an jenem Tag zum ersten Mal in ihrem Leben das Evangelium. Und das wurde möglich durch eine Frau, die auf dem *Capitol Hill* ihr Kalkutta gefunden hatte.

> **Sie brauchen keinen Reichtum, keine einflussreiche Stellung oder Macht, um etwas zu bewirken.**

Sie brauchen keinen Reichtum, keine einflussreiche Stellung oder Macht, um etwas zu bewirken. Sie müssen nur Ihr Bestes geben an der Stelle, wo Sie stehen. Und wenn Sie in Ihrem Babylon treu sind, wird Gott Sie in Jerusalem segnen.

Seien Sie der beste Mundschenk, der Sie sein können!

Das ist verantwortliche Unverantwortlichkeit. So folgen Sie Ihrer Leidenschaft.

Ihre Jagd

- ✿ Welche Beschreibung trifft eher auf Sie zu: unverantwortlich verantwortlich oder verantwortlich unverantwortlich? Warum ist das so?
- ✿ Was macht Sie traurig, zornig oder froh? Mit anderen Worten, welche Leidenschaften hat Gott Ihnen gegeben?
- ✿ Wofür haben Sie in letzter Zeit gebetet? In welchem Bereich könnte Gott von Ihnen erwarten, dass Sie aufhören zu beten? Was sollten Sie stattdessen tun?
- ✿ Gott forderte die Priester, die die Bundeslade trugen, auf, in den Fluss zu treten, bevor er das Wasser teilte. In welcher Weise müssen Sie Ihre Füße nass machen, um Gott leidenschaftlich nachzujagen?
- ✿ Welche kleinen Dinge müssen Sie jetzt tun, die Sie vorbereiten auf die großen Dinge, die Gott Ihnen später auftragen wird?

Kapitel 3

Die Diktatur des Gewöhnlichen

Aus dem Käfig der Routine ausbrechen

Die Erde ist mit Himmel vollgepackt,
ein jeder gewöhnliche Busch brennt mit Gott. –
Aber nur der, der es sieht, zieht die Schuhe aus.
Die anderen sitzen herum und pflücken Brombeeren.

ELIZABETH BARRET BROWNING

Gerade jetzt, in diesem Augenblick, bewegen Sie sich nicht. Wahrscheinlich sitzen Sie während des Lesens von *Lebe gefährlich!* still in einem Sessel oder auf einem Sofa. Aber in Wirklichkeit leben wir auf einem Planeten, der sich mit ungefähr 1 600 Kilometern pro Stunde um die eigene Achse dreht. In den kommenden vierundzwanzig Stunden wird die Erde eine komplette Umdrehung machen. Nicht nur das, wir sind zusätzlich noch mit einer Geschwindigkeit von ungefähr 100 000 Kilometern pro Stunde im All unterwegs. Und Sie hatten keine großen Pläne für heute! Bevor der Tag zu Ende ist, werden Sie 2 Millionen Kilometer auf Ihrer jährlichen Reise um die Sonne zurückgelegt haben.

Ich möchte Ihnen jetzt eine Frage stellen. Wann haben Sie Gott das letzte Mal dafür gedankt, dass er uns in der Erdbahn hält? Vermutlich noch nie. *Herr, danke, dass du uns in der Erdbahn hältst. Ich hatte ein wenig Angst, ob wir die volle Drehung um unsere Achse heute schaffen würden, aber du hast es gelingen lassen.* Nur wenigen von uns kommt ein solches Gebet über die Lippen. Ist es nicht seltsam, dass es uns schwerfällt, Gott in den kleinen Alltäglichkeiten zu vertrauen, doch die großen Wunder nehmen wir wie selbstverständlich hin. Wenn Gott die Planeten in ihrer Bahn halten kann, denken Sie nicht, dass er auch Ihr Leben wieder in Ordnung bringen kann, wenn es aus seiner Bahn geschleudert wurde?

Dass die Planeten in ihrer Kreisbahn bleiben, ist ein unglaubliches Wunder. Warum sind wir nicht von Ehrfurcht überwältigt? Warum preisen wir Gott nicht unablässig dafür, dass er unseren Globus dreht? Der Grund ist sehr einfach. Konstanten nehmen wir als selbstverständlich hin. Und das ist das Problem in Bezug auf Gott, falls ich das so sagen darf. Gott ist die letztgültige Konstante. Er liebt uns bedingungslos. Er ist allmächtig. Und er ist ewig treu. Gott ist so gut in dem, was er tut, dass wir dazu neigen, ihn als Selbstverständlichkeit hinzunehmen.

> Gott ist so gut in dem, was er tut, dass wir dazu neigen, ihn als Selbstverständlichkeit hinzunehmen.

Thomas Carlyle, der schottische Essayist aus dem neunzehnten Jahrhundert, stellte sich einmal vor, dass ein Mann sein ganzes Leben in einer Höhle verbrachte. Wenn dieser zum ersten Mal nach draußen ginge und den Sonnenaufgang beobachtete, würde er mit hingerissenem Erstaunen einen Vorgang beobachten, den wir täglich völlig ungerührt miterleben.

G.K. Chesterton sagte: »Erwachsene Menschen sind nicht stark genug, um über Monotonie zu jubeln. Ist es möglich, dass Gott jeden Morgen zur Sonne sagt: ›Mach's noch einmal!‹, und jeden Abend zum Mond: ›Na los, tu es wieder!‹? Die immer Wiederkehrende in der Natur ist vielleicht keine reine Wiederholung; vielleicht ist es die Bitte um eine Zugabe.«

Blind

Wann haben Sie das letzte Mal einen Sonnenaufgang beobachtet und dabei Gott angebetet? Oder eine Mondfinsternis? Oder Schneefall?

Vor ein paar Jahren lernte ich einen Austauschstudenten aus Indien kennen, der in seinem Leben noch nie Schnee gesehen hatte. Als die

46

Meteorologen eine Schneesturmwarnung für Washington D.C. herausgaben, war er sehr aufgeregt. Er stellte seinen Wecker auf drei Uhr morgens, weil er keinesfalls verpassen wollte, wie die ersten Schneeflocken fielen. Ganz allein ging er nach draußen und baute einen Schneemann. Und seltsamerweise trug er dabei weder Jacke noch Handschuhe. Er meinte, er habe nicht gemerkt, dass der Schnee kalt sei.

Etwas das erste Mal zu erleben, ist eine unvergleichliche Erfahrung. Es ist unvergesslich. Die Zeit bleibt beinahe stehen und wir werden ganz besonders empfänglich für die Impulse um uns herum. Solche Augenblicke brennen sich fest in unsere Erinnerung ein. Aber dann holt uns die Routine unseres Lebens wieder ein und das Gewöhnliche trübt unseren Blick.

Manche Menschen behaupten, noch nie ein Wunder erlebt zu haben. Aber mit allem nötigen Respekt, ich bin da anderer Meinung. Wir sind von Wundern umgeben. Sie sind immerzu um uns. Doch für uns sind sie zur Selbstverständlichkeit geworden.

Unser Verstand ist so gepolt, dass wir neue Reize in unserem Umfeld sehr deutlich wahrnehmen. Aber im Laufe der Zeit tritt eine Gewöhnung an die Eindrücke, die Geräusche und Gerüche ein, von denen wir ständig umgeben sind. Unsere Wahrnehmung wird schwächer und die Konstanten in unserer Umgebung werden unsichtbar. Psychologen nennen diesen Vorgang *Unaufmerksamkeitsblindheit*. Sie betrifft den Sonnenaufgang. Und den Schneefall. Und das Leben ganz allgemein.

Wie leicht kann es passieren, dass wir die Freude am Leben verlieren. Kaum etwas lässt sich vergleichen mit dem Glück einer Braut und eines Bräutigams am Hochzeitstag, aber sobald es mit der Romantik vorbei ist, kehrt Routine ein. Die Geburt eines Kindes ist ein Ehrfurcht gebietendes Wunder, aber sobald man mitten in der Nacht schmutzige Windeln wechseln muss, ist die Freude getrübt. Wie haben wir uns gefreut, als wir einen Job bekamen, doch am Ende leben viele Menschen nur noch auf das Wochenende hin.

Das Schöne wird zur Routine.

Was geschieht, ist Folgendes: Das Schöne wird zur Routine. Und wir bringen uns nicht nur um geistliche Abenteuer, sondern auch die Freude über unsere Erlösung verblasst immer mehr. Auf unserer Wildgansjagd können wir sie wiederfinden. Aber das bedeutet, dass wir den Käfig der Routine verlassen müssen. Wir müssen unsere Gewohnheiten ändern, Risiken eingehen und Neues ausprobieren. Doch dabei werden wir feststellen, dass wir wieder lebendig werden.

Als wir nach Washington D.C. zogen, leitete ich zuerst eine überkonfessionelle Organisation. Das war eine angenehme Arbeit. Und auch unser Wohnumfeld im Vorort gefiel mir. Doch das war nicht, was Gott von uns wollte. Meine Wildgansjagd führte dazu, dass ich ein Risiko eingehen musste – die *National Community Church*. Und um ehrlich zu sein, verspürte ich zuerst überhaupt keine Lust, in die Stadt zu ziehen. Doch im Laufe der Jahre habe ich eine einzigartige Seite des Heiligen Geistes schätzen gelernt. Jesus nannte ihn den Tröster bzw. Ratgeber (vgl. Johannes 14,16). Er spendet den Leidenden Trost. Doch er lässt auch den bereits Getrösteten keine Ruhe, die bequem geworden sind. Und ich erreichte einen Punkt in meinem Leben, wo mir der Grad meiner Bequemlichkeit unbequem wurde.

Wo sind Sie als Jünger Jesu vielleicht zu bequem geworden? Wo ist Ihr Leben zu sehr zur Routine geworden? Wovor haben Sie Ihre Augen verschlossen? Ich weiß nicht, wo Ihnen die Ruhe geraubt werden muss, aber von einem bin ich überzeugt: Wenn Sie Ihr Leben von der Routine bestimmen lassen, werden Sie nie dahin kommen, wo der Geist Gottes Sie haben möchte.

Sehen wir uns Mose an.

Der brennende Dornbusch

Schafe hüten. Können Sie sich ein Leben vorstellen, das noch mehr von Routine geprägt ist? Mose muss sich zu Tode gelangweilt haben. Vor langer Zeit hatte er einmal davon geträumt, das Volk Israel aus der Sklaverei zu befreien. Aber dieser Traum starb, als er einen ägyptischen Aufseher tötete und fliehen musste. Die folgenden vierzig Jahre verbrachte Mose auf der anderen Seite der Wüste und hütete die

Schafe. Und ich habe das Gefühl, dass Mose, als er an jenem Morgen aufstand, seine Sandalen anzog und seinen Stab nahm, auf einen ganz gewöhnlichen Tag eingestellt war, wie den Tag zuvor ... und den Tag zuvor ... und den Tag zuvor. Doch man kann nie wissen, wann oder wo der Heilige Geist die Routine des Lebens durchbricht.

> **Man kann nie wissen, wann oder wo der Heilige Geist die Routine des Lebens durchbricht.**

Mose aber hütete die Schafe Jitros, seines Schwiegervaters, des Priesters in Midian, und trieb die Schafe über die Steppe hinaus und kam an den Berg Gottes, den Horeb. Und der Engel des Herrn erschien ihm in einer feurigen Flamme aus dem Dornbusch. Und er sah, dass der Busch im Feuer brannte und doch nicht verzehrt wurde. Da sprach er: Ich will hingehen und die wundersame Erscheinung besehen, warum der Busch nicht verbrennt. Als aber der Herr sah, dass er hinging, um zu sehen, rief Gott ihn aus dem Busch und sprach: Mose, Mose! Er antwortete: Hier bin ich. Gott sprach: Tritt nicht herzu, zieh deine Schuhe von deinen Füßen; denn der Ort, darauf du stehst, ist heiliges Land! (2. Mose 3,1-5).

Haben Sie schon einmal eine Epiphanie gehabt – einen Augenblick, in dem Gott unerwartet und unvergesslich die Monotonie Ihres Lebens durchbrach? Vor ein paar Jahren nahm ich an einer Bustour durch die Anden teil. Wir fuhren von Guayaquil nach Cuenca in Ecuador. Die Gipfel der Berge waren von einer Wolke verhüllt; sie waren für uns nicht sichtbar. Trotzdem folgten wir dem gewundenen Bergpass. Schließlich durchstießen wir die Wolkendecke und die Berggipfel lagen vor uns. Was für ein Ausblick aus viertausend Metern Höhe! Ich hatte beinahe das Gefühl, über der Welt zu stehen. Und ich war so überwältigt von der Majestät jener Berggipfel, dass ich meiner Begeisterung Ausdruck verlieh und zu klatschen begann. Es war beinahe so, als hätte der Schöpfer einen Applaus verdient.

Die keltischen Christen hatten einen Ausdruck für diese Momente – die Momente, wo Himmel und Erde sich zu berühren scheinen:

Dünne Stellen nannten sie sie. Die natürliche und die übernatürliche Welt prallen aufeinander. Die Schöpfung begegnet dem Schöpfer. Die Sünde der Gnade. Die Routine dem Geist Gottes.

Für Mose war dies ein solcher Moment und ein solcher Ort. Gott zeigte sich. Ein ganz gewöhnliches Fleckchen Erde – ein Busch auf der anderen Seite der Wüste – wurde zu heiligem Boden. So wirkt der Heilige Geist. Er ist vorhersehbar unvorhersehbar. Er macht sich gerade dann bemerkbar, wenn wir überhaupt nicht mit ihm rechnen.

Jüdische Gelehrte haben sich mit der Frage beschäftigt, warum Gott dem Mose ausgerechnet in einem brennenden Busch erschien. Ein Donnerschlag oder ein Blitz wären doch viel eindrucksvoller gewesen! Und warum in der hintersten Ecke der Wüste? Ihre Schlussfolgerung: Gott erschien Mose in einem brennenden Busch, um deutlich zu machen, dass er überall gegenwärtig ist, sogar in einem Busch in der Wüste. In der rabbinischen Literatur wird Gott auch »Der Ort« genannt.[9] Gott ist hier, dort und überall. Darum ist es egal, wo Sie sich gerade befinden. Sie können im Verkehrsstau stecken, an Ihrem Schreibtisch arbeiten oder auf Ihrem Sofa liegen. Gott kann sich zeigen, jederzeit, an jedem Ort!

> Gott erschien Mose in einem brennenden Busch, um deutlich zu machen, dass er überall gegenwärtig ist, sogar in einem Busch in der Wüste.

Ich denke, in dieser Geschichte ist das Offensichtliche leicht zu übersehen. Der heilige Boden war nicht das verheißene Land. Es war gerade die Stelle, an der Mose stand. Warten Sie mit der Anbetung Gottes nicht, bis Sie ins verheißene Land kommen; Sie können ihn auch unterwegs anbeten. *Dies* ist heiliger Boden. *Dies* ist ein heiliger Augenblick. Ziehen Sie Ihre Sandalen aus!

Als ich neunzehn war, machte unsere Familie wie jeden Sommer Urlaub in Alexandria in Minnesota. Ich hatte gerade mein erstes Jahr an der Universität von Chicago hinter mir und mich auf mein Hauptfach festgelegt: Jura. Aber ich war mir meiner Sache nicht sicher und wusste auch nicht, ob es Gottes Wille war. Und so stellte ich Gott eine gefährliche Frage: »Was möchtest du, dass ich mit meinem Leben anstelle?«< Diese Frage nicht zu stellen, ist übrigens noch gefährlicher, als sie zu stellen.

Wenn wir Gott diese Frage stellen und wirklich bereit sind zu tun, was er uns aufträgt, dann dürfen wir damit rechnen, dass Gott uns aus der Routine unseres Lebens reißt. Diese Frage leitete meinen »Sommer des Suchens« ein, wie ich ihn im Nachhinein nenne. Und er fand seinen Höhepunkt an meinem letzten Ferientag. Ich änderte meine Urlaubsroutine, immer auszuschlafen, und stand stattdessen früh auf und brach zu einem Gebetsspaziergang auf. Nachdem ich durch Feld und Wald gelaufen war, nahm ich eine Abkürzung über eine Kuhweide, und genau auf jener Weide hörte ich die unhörbare, doch unmissverständliche Stimme Gottes.

Ich möchte diese Szene nicht dramatischer darstellen, als sie tatsächlich war. Es waren keine Engelschöre. Ich sah keine Flugzeuge, die Worte an den Himmel malten. Aber in diesem Augenblick wusste ich, dass Gott mich in den vollzeitlichen Dienst rief. Einzelheiten waren zu diesem Zeitpunkt noch unwichtig. Wenn ich ehrlich bin, blieben mir das Wann, Wo und Wie noch mehrere Jahre verborgen. Aber diese Kuhweide war für mich eine »dünne Stelle«.

Vor mehreren Jahren pilgerte ich zurück zu jener Weide. Ein Fotograf begleitete mich. Er sollte einige Bilder machen. Eines davon steht auf dem Schreibtisch in meinem Büro. Warum? Weil es auch in meinem Leben schwierige Zeiten gibt, in denen ich einen brennenden Busch brauche, der mich daran erinnert, warum ich tue, was ich tue. Dieses Foto in meinem Büro ist ein Altar für Gott.

Ist Ihnen schon einmal aufgefallen, wie oft die Menschen im Alten Testament Altäre bauten? Man hat den Eindruck, dass sie immerzu und überall einen Altar errichteten. Warum? Weil wir uns von Natur aus gern an das erinnern, was wir lieber vergessen sollten, und das vergessen, was wir in Erinnerung behalten müssen. Altäre helfen uns, die wichtigen Ereignisse im Leben im Gedächtnis zu behalten. Sie sind geheiligte Orte, an die wir zurückkehren können.

Warum haben wir aufgehört, Altäre zu bauen? Ich frage mich ernsthaft, ob unser Leben uns manchmal so vorkommt, als sei es stärker von Routine bestimmt, als es tatsächlich ist, weil keine Altäre unser Leben zieren. Ich frage mich, ob viele von uns sich deshalb geistlich verloren fühlen, weil wir keine Meilensteine gesetzt haben, die uns helfen, den Weg zurück zu Gott zu finden.

Warum haben wir aufgehört, Altäre zu bauen?

Wir brauchen Altäre, die unseren Glauben erneuern, weil sie uns an die Treue Gottes erinnern. Und dann und wann müssen wir zu jenen geheiligten Orten zurückkehren und dort unsere Sünde bekennen, unseren Bund mit Gott erneuern und feiern, was Gott getan hat.

Ich frage mich, ob Petrus noch einmal zu jener Stelle auf dem See Genezareth zurückgerudert ist, wo er auf dem Wasser gelaufen war. Ist Zachäus wohl jemals mit seinen Enkelkindern auf jenen Feigenbaum geklettert, von dem aus er seinen ersten Blick auf Jesus geworfen hat? Ob Lazarus wohl das Grab noch einmal besucht hat, in dem er vier Tage lang begraben gelegen war? Ist Paulus zu dem Meilenstein auf der Straße nach Damaskus geritten, wo Gott ihn von seinem hohen Ross geworfen hatte? Ob Abraham wohl mit Isaak noch einmal auf den Berg Moria gestiegen ist, wo Gott ihm einen Ziegenbock im Dickicht geschenkt hatte? Und ich frage mich, ob Mose eines Tages zu dem brennenden Busch zurückgekehrt ist, seine Sandalen ausgezogen und Gott dafür gedankt hat, dass er ihn aus der vierzigjährigen Routine seines Lebens gerissen hat, indem er ihm eine zweite Chance und die Möglichkeit gegeben hat, etwas zu bewirken.

Überraschende Blickwinkel

Ich denke, wir unterschätzen den Zusammenhang zwischen der äußeren Umgebung, in der wir uns befinden, und unserem geistlichen Leben. Ein Grund dafür ist, dass wir Gott in von Menschen gebauten Gebäuden anbeten, die uns vor den Elementen abschirmen. Woche für Woche sitzen wir auf gepolsterten Stühlen und hören uns an, wie Jesus den Sturm stillte. Die Jünger erlebten etwas ganz anderes. Sie saßen in dem Boot auf dem See, als der Himmel dunkel wurde und der Sturm losbrach (vgl. Markus 4,35-36). Sie liefen über Strände, kletterten auf Berge und durchquerten mit Jesus die Wüste. Ihre Erfahrung war vierdimensional, während unsere Erfahrung eindimensional ist. Wenn wir also in der Bibel lesen, neigen wir dazu, uns auf die Theologie zu konzentrieren und dabei die Meteorologie, die Psychologie und sogar die Geologie zu übersehen, die in den Geschichten eine wichtige Rolle spielen.

Sie kennen doch den Bericht, wo Jesus mit Petrus, Jakobus und Johannes auf den Berg der Verklärung stieg? Die Tatsache, dass es ein hoher Berg war, wird bei unseren Auslegungen gern außer Acht gelassen. Aber in der Bibel wird ausdrücklich betont, dass es ein *hoher* Berg war (vgl. Markus 9,2). Es war kein Kaninchenhügel. Aber welche Bedeutung hat das für uns? Nun, eines weiß ich auf jeden Fall: Je höher ein Berg ist, desto schwieriger ist er zu besteigen. Ich kann mir vorstellen, wie Petrus, Jakobus und Johannes sich abmühten, um mit Jesus Schritt zu halten. Jeder wollte als Erster oben sein. Und als sie schließlich den Gipfel jenes Berges erreichten, waren sie vom Aufstieg sicherlich erschöpft. Doch wie alle Bergsteiger wissen, entschädigt der Ausblick von dort oben mehr als reichlich für die Mühe, die der Aufstieg gekostet hat.

> Wenn wir also in der Bibel lesen, neigen wir dazu, uns auf die Theologie zu konzentrieren und dabei die Meteorologie, die Psychologie und sogar die Geologie zu übersehen, die in den Geschichten eine wichtige Rolle spielen.

Was Petrus, Jakobus und Johannes auf jenem Gipfel erlebten, veränderte ihre Einstellung zu Jesus für immer. Sicherlich wurde das ausgelöst durch die Verwandlung, die mit Jesus vor sich ging. Und die Erscheinung von Mose und Elia machte sie sprachlos. Aber spielte der Ort, wo das geschah, vielleicht auch eine wichtige Rolle? War der Aufstieg zum Gipfel des hohen Berges Teil der Strategie Jesu? Ich denke schon. Wenn Gott möchte, dass wir unseren Blickwinkel verändern, dann erreicht er das häufig dadurch, dass wir uns in einer anderen Umgebung befinden. Jesus begab sich mit den drei Jüngern an einen neuen Ort – einen hohen Berg, der weit entfernt war von der Zivilisation.

Und wir lernen daraus: Der geografische Standort kann einen Einfluss auf unser geistliches Leben haben. Vor ein paar Jahren stellte ich eine einfache Formel auf:

Ortsveränderung + Tempoveränderung = Veränderung der Perspektive

Warum sind Einkehrtage und Missionsreisen so wichtige Faktoren in unserem Leben? Ein Grund dafür sind sicherlich die veränderten Breiten- und Längengrade. Neue Orte machen uns offen für neue Erfahrungen. Sie reißen uns aus unserer Routine und helfen uns, Gott mit neuen Augen zu sehen.

> Neue Orte machen uns offen für neue Erfahrungen. Sie reißen uns aus unserer Routine und helfen uns, Gott mit neuen Augen zu sehen.

Wenn Sie in einer geistlichen Krise stecken, kann ich Ihnen nur eines raten: Nehmen Sie an einem missionarischen Einsatz teil. Es gibt keinen besseren oder sichereren Weg, sich aus dem Käfig der Routine zu befreien. Es ist ein Allheilmittel.

Vor einiger Zeit bekam ich eine E-Mail von Ana Luisa, einem Gemeindemitglied der *NCC*, die mit ihren Bonusmeilen eine Reise in die Karibik hätte machen können. Doch sie fühlte sich von Gott gedrängt, stattdessen mit ihren Meilen einen Flug nach Indien zu buchen und als Krankenschwester für eine begrenzte Zeit in einem Krankenhaus zu arbeiten. Sie half einen Monat in dieser Klinik aus, in der großer Personalmangel herrschte und wenige Geräte und Medikamente zur Verfügung standen. Und sie versorgte die Kranken dort nicht nur als Krankenschwester; sie liebte sie und gab Gottes Liebe weiter. Zu ihren Patienten gehörte auch ein kleines Mädchen, das mit einem offenen Rücken und einer Lähmung beider Beine auf die Welt gekommen war.

In vielen Teilen Indiens werden Jungen den Mädchen vorgezogen. Sie können sich also vorstellen, wie die Familie reagierte, als sie erfuhr, dass ihr kleines Mädchen mit einer solchen ernsten Behinderung zur Welt gekommen war. Die Mitarbeiter des Krankenhauses hatten Sorge, die Eltern würden das Baby irgendwo aussetzen oder es mit nach Hause nehmen und dort töten. In den ersten Tagen nach der Geburt wollten die Eltern es nicht berühren, füttern oder mit ihm reden. Allein die Großmutter begegnete dem Baby mit einer gewissen Wärme. Ich nahm meine Aufgaben als Krankenschwester als Vorwand, das Baby jeden Tag zu besuchen.

Zuerst wäre ich angesichts der Atmosphäre im Zimmer mit den sechs Familienmitgliedern am liebsten geflohen, aber durch Gottes Kraft fragte ich den Vater mutig, ob ich für das Kind beten dürfe. Ich war erstaunt, als er es mir gestattete. Ich betete laut für das Baby und trotz der Sprachbarriere hörte die ganze Familie wiederholt den Namen Jesus. Ich sprach mit dem Baby, streichelte es und flüsterte ihm zu, dass Jesus es liebte. Am vierten Tag bat mich der Vater, dem Kind einen Namen zu geben! Wow! Nachdem ich lange überlegt und gebetet hatte, entschied ich mich für den Namen Gloria. Sie akzeptierten ihn, der Vater fand ihn sogar schön. Ich bete auch weiterhin für ein Wunder und bin gespannt, was der Herr tun wird.

Ich glaube nicht an Zufälle. Ich glaube an Fügung. Ich glaube an einen souveränen Gott, der auf der anderen Seite der Weltkugel Begegnungen arrangiert. Er kann jeden von uns gebrauchen, um einem anderen Menschen mit Liebe zu begegnen. Wenn Sie auf die leise, kleine Stimme hören und der Führung des Geistes Gottes folgen, wissen Sie nicht, wohin er Sie führen wird. Aber Gott wird durch Ihr Leben seine Geschichte schreiben!

Wir stehen in der Gefahr, uns zu sehr mit uns selbst zu beschäftigen, nicht wahr? Ich zweifle nicht daran, dass Sie Ihr Päckchen an Problemen zu tragen haben. Und ich bin mit meinem beschäftigt. Aber es gibt nichts Besseres als eine Reise in ein Land der Dritten Welt, um unsere Perspektive neu auszurichten.

Das vierte Gebot

Wenn Sie den Käfig der Routine verlassen wollen, ist ein Ortswechsel schon einmal sehr hilfreich. Doch auch eine Veränderung der Geschwindigkeit ist wichtig.

Im vergangenen Jahr, als ich meinen ersten Triathlon lief, wurde mir klar, welche wichtige Rolle das Tempo spielt. Für die Schwimmetappe des Wettkampfs trainierte ich in einem Freibad. Und ich schwamm fantastische Zeiten. Aber der Atlantische Ozean ist kein Schwimmbecken. Sehr selbstbewusst trat ich zum Wettkampf an. Ich sprintete vom Strand zur ersten Boje. Von Anfang an wollte ich ganz vorne sein, damit ich die anderen nicht in Verlegenheit brachte, wenn ich an ihnen vorbeizog. Tja, so bin ich.

Nun ja, sagen wir, der Ozean belehrte mich eines Besseren! Irgendwie schaffte ich es, große Teile des Atlantiks zu trinken – so kam es mir jedenfalls vor. Es ist erstaunlich, was ein paar Liter Salzwasser dem Magen antun. Meine Frau Lora sagte, als ich endlich an den Strand kam, hätte ich ausgesehen wie ein betäubter Boxer. Sie wollte nur nett sein. Das Problem war gewesen, dass ich mich gleich zu Beginn derartig verausgabt hatte, dass ich für den Rest der Strecke nicht mehr zu Atem kam. Ich schäme mich zu sagen, dass ich am Ende einen großen Teil der Schwimmetappe auf dem Rücken schwimmend hinter mich brachte und nicht im Freistil. Und ich lernte eine wichtige Lektion: Der Anfang ist nicht annähernd so wichtig wie das Ende. Außerdem spielt das Tempo eine wichtige Rolle.

Vor einiger Zeit fragte mich jemand, was gerade meine größte Herausforderung sei. Die Antwort war einfach: meine Zeiteinteilung. Mein Pastorenamt, meine Aufgabe als Vater, meine Arbeit als Schriftsteller und Redner fordern mich sehr, sodass nicht viele Freiräume in meinem Leben bleiben. Und die *National Community Church* gründet keine neuen Gemeinden, weil immer noch etwas getan werden muss! Ehrlich, je größer die Gemeinde wird, desto mehr habe ich das Gefühl, meiner Aufgabe nicht gerecht zu werden. Ich habe den Eindruck, als müsste ich immer schneller und schneller laufen, um die Stellung zu halten.

Aus Erfahrung weiß ich, dass man sich halb zu Tode schuften kann und dabei das, was Gott in einem tun möchte, zerstört. Ich möchte meinen Dienst in einem Tempo tun, das ich durchhalten kann. Aber darf ich Ihnen etwas gestehen? Für mich ist das vierte Gebot eine große Herausforderung. Mir fällt es schwer, den Sabbat zu halten. Im vergangenen Jahr fasste ich an Silvester den Entschluss, an meinem freien Tag keine E-Mails zu lesen, die meine Arbeit betreffen. Ich beschloss auch, meinen Urlaub wirklich zu nehmen. Ich habe das Gefühl, meiner Familie das schuldig zu sein, und auch Gott.

Haben Sie schon einmal überlegt, warum Gott den Sabbat eingeführt hat? Könnten wir nicht mehr für ihn bewirken, wenn wir sieben Tage die Woche arbeiteten? Warum ruhte Gott also am siebten Tag? Ganz bestimmt nicht, weil er eine Pause brauchte. Der Sabbat erinnert uns jede Woche daran, dass nicht wir die Planeten in ihrer Umlaufbahn halten. Gott tut es. Doch wenn wir so hektisch damit beschäftigt sind, unsere Aufgabenliste abzuarbeiten, bleibt keine Zeit, sich das bewusst zu machen. Wissen Sie, was Sie eigentlich brauchen? Eine Anti-to-do-Liste, auf der die Dinge stehen, die Sie nicht mehr tun wollen!

Ich bin zu folgender Schlussfolgerung gekommen: Ich möchte nicht in vielen Bereichen gut sein; ich möchte in wenigen Bereichen herausragend sein. Ich investiere lieber mein Herz, meine Seele, meinen Geist und meine Kraft in einige wenige Unternehmungen, als viele Dinge halbherzig zu tun. Dafür musste ich auch meine Prioritäten neu setzen.

> Ich möchte nicht
> in vielen Bereichen
> gut sein;
> ich möchte in
> wenigen Bereichen
> herausragend sein.

Vor einigen Jahren brachte ich viel Zeit und Geld auf und gründete eine Firma. Wir hatten eine einzigartige Marktnische entdeckt. Aber ich musste schließlich erkennen, dass dieses Geschäft mein Tod sein würde, wenn ich nicht ausstieg. Ich konnte das Tempo nicht durchhalten. Und als ich mir über meine Talente und meine Berufung Gedanken machte, wurde mir klar, dass mein Pastorenamt und die schriftstellerische Tätigkeit das waren, was Gott mir am meisten aufs Herz gelegt hatte. Auch wenn dieses Geschäft erfolgreich wäre, würde es ein Störfaktor sein für das, was Gott in mir und durch mich wirken wollte.

Gibt es Dinge, die Sie aufgeben müssen? Wo müssen Sie herunterschalten? Welche Veränderungen müssen Sie in Ihrem Leben vornehmen, um Gott mehr Spielraum zu geben?

Am Sabbat können wir loslassen und Gott wirken lassen. An diesem Tag können wir es langsam angehen lassen. Er schafft heiligen Freiraum in unserem Leben. Und er verhindert, dass das, was heilig ist, zur Routine wird.

In seinem Buch *Anam Cara* erzählt John O'Donohue von einem europäischen Forschungsreisenden in Afrika, der einige Eingeborene verpflichtete, seine Ausrüstung durch den Dschungel zu tragen. Drei Tage marschierten sie ohne Pause. Am Ende des dritten Tages weigerten sich die Helfer, weiterzugehen. Der Forschungsreisende fragte sie nach dem Grund. Einer der Eingeborenen antwortete: »Wir haben uns so beeilt, hierherzukommen; jetzt müssen wir unserem Geist die Gelegenheit geben, uns einzuholen.«

Das Wort »Sabbat« bedeutet »zu Atem kommen«. Am Sabbat geben wir unserem Geist die Gelegenheit, unseren Körper einzuholen. Wenn wir nicht herunterschalten, kommen wir irgendwann an den Punkt, wo Mehr weniger und Weniger mehr ist. Es ist eigentlich nicht ganz logisch, aber wenn wir verlangsamen, beschleunigen wir in Wirklichkeit.

Unsere Wildgansjagd ist kein kurzer Sprint. Sie ist eher mit einem Triathlon zu vergleichen. Und wir müssen unsere Kräfte einteilen, denn die Reise ist schwierig. Sicherlich wird es Augenblicke geben, wo es nahezu unmöglich erscheint, mit den langen Schritten des Geistes Gottes mitzuhalten. Aber ich denke, noch schwieriger ist es für uns Aktivisten, herunterzuschalten, wenn Gott möchte, dass wir still sind.

Warum forderte Gott Mose auf, seine Sandalen auszuziehen? Ich glaube, Gott wollte ihm und uns dadurch sagen: *Seid stille und erkennet, dass ich Gott bin* (Psalm 46,11).

Gott dienen – einfach so

Wenn wir unser Tempo nicht drosseln, kann es passieren, dass wir die von Gott arrangierten Begegnungen rechts und links auf unserem Weg verpassen. Manchmal empfinden wir sie als Störung. Wir sind so konzentriert in unserem Bemühen, dahin zu kommen, wo Gott uns unserer Meinung nach haben möchte, dass wir geistliche Scheuklappen aufsetzen und die Wege übersehen, die er uns führen möchte. Es bringt nichts, wenn wir auf unserer Wildgansjagd immer schneller laufen. Wir müssen unser Tempo drosseln, unsere Sandalen ausziehen und Gott hier und jetzt erfahren.

Vor einigen Jahren führten zwei Psychologen der Princeton-Universität ein Experiment durch. Die Anregung dazu lieferte ihnen eine Geschichte aus der Bibel (vgl. Lukas 10,25-37). Jesus erzählte von einem Reisenden, der überfallen und halb tot auf der Straße von Jerusalem nach Jericho zurückgelassen wurde. Ein Priester und ein Levit (die Religiösen in Jesu Kultur) gingen auf der anderen Straßenseite vorbei. Allein ein Samariter blieb stehen und kümmerte sich um den Verletzten.

John Darley und Daniel Batson beschlossen, diese Geschichte vom barmherzigen Samariter mit Studenten des Seminars nachzuspielen. Natürlich wurden einige Aspekte verändert. Die Seminaristen wurden gefragt, warum sie in den vollzeitlichen Dienst gehen wollten. Es gab unterschiedliche Antworten, doch die große Mehrheit gab an, dass sie Menschen helfen wollten. Dann wurde ihnen aufgetragen, eine kurze Predigt vorzubereiten – die Hälfte von ihnen sollte über das Gleichnis vom barmherzigen Samariter sprechen, die andere Hälfte bekam andere Themen. Schließlich wurden sie aufgefordert, in einem anderen Gebäude auf dem Campus ihre Predigten vorzutragen.

Die Psychologen hatten einen Schauspieler engagiert, der die Rolle des Mannes spielen sollte, der in dem Gleichnis überfallen wird. Er lag zusammengekrümmt auf dem Campus und stöhnte so laut, dass die Vorübergehenden ihn hören mussten.

Die Wissenschaftler hatten die Hypothese aufgestellt, dass die Studenten, die in den vollzeitlichen Dienst gehen wollten, um Menschen zu helfen, und die, die gerade die Predigt über den barmherzigen Samariter vorbereitet hatten, vermutlich am ehesten stehen bleiben und sich um den Mann kümmern würden. Aber dem war nicht so. Der Grund war ein weiterer Aspekt des Experimentes. Kurz bevor sich die Seminaristen auf den Weg machten, um ihre Predigt zu halten, blickte einer der Psychologen auf die Uhr und sagte zu einem Teil von ihnen: »Ihr seid spät dran. Man hat euch bereits vor einigen Minuten erwartet. Ihr solltet euch sputen.« Zu den anderen sagte er: »Ihr habt noch Zeit. Ihr werdet erst in einigen Minuten erwartet. Aber ihr könntet euch schon mal auf den Weg machen.«

Sind Sie an dem Ergebnis interessiert? Nur 10 Prozent der Seminaristen, die es eilig hatten, nahmen sich die Zeit, zu helfen, während 63 Prozent derjenigen, die keine Eile hatten, sich um den Verletzten kümmerten. In mehreren Fällen stolperte ein Student, der seine Predigt über das Gleichnis des barmherzigen Samariters halten wollte, buchstäblich über das Opfer und ging weiter!

Darley und Batson kamen zu dem Schluss, dass die Motivation der Studenten, anderen Menschen zu helfen, bzw. die Tatsache, dass sie eine Predigt über das Gleichnis vom barmherzigen Samariter vorbereitet hatten, sie nicht zum Helfen anregte. Bestimmt wurde ihr Verhalten vom Zeitfaktor. Die Psychologen schlossen: »Die Ermahnung ›Ihr seid spät dran‹ bewirkte, dass jemand, der normalerweise mitfühlend war, achtlos an einem Leidenden vorüberging.«[10]

> Wenn wir abgehetzt sind, haben wir keine Zeit, unsere Routine zu durchbrechen. Es bleibt kein Raum für Spontaneität, die der Geist Gottes gebrauchen kann.

Eile wirkt sich negativ auf den Menschen aus. Und wenn wir abgehetzt sind, haben wir keine Zeit, unsere Routine zu durchbrechen. Es bleibt kein Raum für Spontaneität, die der Geist Gottes gebrauchen kann. Keine Zeit für Wildgansjagden. Und die große Ironie ist: Der Priester und der Levit waren vermutlich auf dem Weg zum Tempel. Sie waren so sehr darauf konzentriert, Gott zu lieben, dass ihnen keine Zeit blieb, ihren Nächsten zu lieben. Und genau da wird unsere Routine kontraproduktiv. Seien wir doch ehrlich. Wir können so in Anspruch genommen sein, Gott zu »dienen«, dass wir keine Zeit haben, ihm wirklich zu dienen.

Ich möchte es anders ausdrücken: Der Dienst für den Herrn passiert einfach so. Wenn Sie der Wildgans nachjagen, brauchen Sie sich Gelegenheiten, wo Sie dienen können, nicht krampfhaft zu suchen.

Wenn ich die Evangelien lese, gewinne ich den Eindruck, dass ein großer Teil von Jesu Wirken nicht geplant war. Das war zum Beispiel der Fall, als Jesus Jericho verließ und ein blinder Mann mit Namen Bartimäus nach ihm rief.

Und als er hörte, dass es Jesus von Nazareth war, fing er an, zu schreien und zu sagen: Jesus, du Sohn Davids, erbarme dich meiner! Und viele fuhren ihn an, er solle stillschweigen. Er aber schrie noch viel mehr: Du Sohn Davids, erbarme dich meiner! (Markus 10,47-48).

Die Menschen wollten Bartimäus zum Schweigen bringen. Für sie war er ein Störfaktor. Und zweifellos war Jesus irgendwohin unterwegs und hatte etwas zu tun. Doch für Jesus war er keine störende Unterbrechung; für ihn war er eine von Gott arrangierte Begegnung. Und was tat er? *Jesus blieb stehen* (Markus 10,49). Diese Worte sprechen Bände.

Spontaneität ist eine Dimension des geistlichen Lebens, die gerne unterschätzt wird. Eigentlich hat geistliche Reife weniger zu tun mit langfristigen Visionen als mit ständiger Empfangsbereitschaft für das Drängen des Heiligen Geistes. Wenn wir offen sind für ihn, wird er unser Leben zu einem täglichen Abenteuer machen.

> Eigentlich hat geistliche Reife weniger zu tun mit langfristigen Visionen als mit ständiger Empfangsbereitschaft für das Drängen des Heiligen Geistes.

Verharren in alten Mustern

Geistliches Wachstum ist ein Geheimnis. Es ist allerdings ohne Frage wichtig, dass wir gesunde und heilige Gewohnheiten entwickeln. Wir nennen sie *geistliche Disziplinen*. Doch sobald die Routine zur Routine wird, müssen wir sie durchbrechen. Warum? Weil eine heilige Routine zu einem leeren Ritual wird, wenn wir sie aus der Erinnerung der linken Gehirnhälfte heraus tun und nicht motiviert durch die Fantasie der rechten Gehirnhälfte.

Ganz bestimmt will ich hier nicht andeuten, dass Routine schlecht ist. Viele von uns üben morgendliche Rituale aus. Dazu gehören Duschen, Zähneputzen, Haarekämmen. Zum Wohle Ihrer Familie und Ihrer Freunde möchte ich Ihnen Mut machen, diese Gewohnheiten auf keinen Fall aufzugeben.

Aber die Sache hat einen Haken: Eine gute Routine wird zu einer schlechten Routine, wenn wir die Routine nicht verändern. Eine große Gefahr in unserem geistlichen Leben ist, dass wir das *Wie* lernen und das *Warum* vergessen. Wir gewöhnen uns daran, zu beten und die Bibel zu lesen, und unsere Beziehung zu Gott wird mechanisch.

Wir neigen dazu, in vorgegebenen Mustern zu denken und zu handeln. Und diese Tendenz, so zu denken, wie wir schon immer gedacht haben, oder etwas so zu tun, wie wir es schon immer getan haben, zeigt, dass wir oft einen Tunnelblick haben. Letztendlich führt das zu Unbekümmertheit. Wir tun bestimmte Dinge, ohne darüber nachzudenken. Und wenn wir nicht aufpassen, beten wir auch, ohne nachzudenken, nehmen das Abendmahl und beten Gott an, ohne darüber nachzudenken.

Vor ein paar Jahren habe ich eine faszinierende Studie gelesen, in der man die These vertrat, dass Menschen, wenn sie den Text eines Liedes dreißigmal gesungen haben, nicht mehr über den Inhalt nachdenken. Sicherlich lässt sich die Anzahl der Wiederholungen nicht so genau festlegen, aber es gibt diese Tendenz. Und sie wirkt sich auch auf unsere Anbetung Gottes aus:

Dieses Volk sucht meine Nähe nur mit dem Mund und ehrt mich nur mit Lippenbekenntnissen, beklagt sich Gott. *In seinem Herzen aber hält es einen weiten Abstand von mir. Seine Furcht vor mir erschöpft sich in auswendig gelernten Sprüchen* (Jesaja 29,13; NLB). Gott möchte nicht mit den Lippen geehrt werden, er möchte angebetet werden.

Wenn wir aus der Erinnerung und unserem Gedächtnis heraus anbeten, klingt das für Gott wie eine kaputte Schallplatte. Vielleicht werden wir deshalb in den Psalmen nicht weniger als sechsmal aufgefordert, ein neues Lied zu singen. Wir brauchen neue Worte, neue Haltungen, neue Gedanken und neue Gefühle.

Warum? Weil Gott mehr sein möchte als eine Erinnerung! Die linke Gehirnhälfte allein kann das nicht leisten. Weder in Bezug auf Anbetung noch auf Gebet. Jesus warnte: *Und wenn ihr betet, sollt ihr nicht viel plappern wie die Heiden; denn sie meinen, sie werden erhört, wenn sie viele Worte machen. Darum sollt ihr ihnen nicht gleichen. Denn euer Vater weiß, was ihr bedürft, bevor ihr ihn bittet* (Matthäus 6,7-8).

Es ist leicht, im Gebet immer in die gleiche Spurrille abzurutschen, nicht wahr? Wir wiederholen alle Gebetsklischees, die wir kennen, und setzen ein leeres »Amen« dahinter. Manchmal beten wir, als sei Gott keine Person. Die Mitarbeiter in unserer Gemeinde wissen, dass der Humor eine wichtige Komponente meines Gebetslebens ist. Immer wieder geschieht es, dass wir mitten im Gebet in Gelächter ausbrechen, weil ich mit einem Witz herausplatze. Das klingt vielleicht frevlerisch, aber ich erzähle einfach unglaublich gerne Witze; warum sollte ich Gott ausnehmen? Und ich kann mir nicht vorstellen, mit jemandem eine Beziehung zu haben, der keinen Sinn für Humor hat. Das wäre einfach nur langweilig. Ich bin nicht sicher, dass Gott über alle meine Witze lacht, aber er hat uns schließlich mit einem Sinn für Humor erschaffen.

> Wir wiederholen alle Gebetsklischees, die wir kennen, und setzen ein leeres »Amen« dahinter. Manchmal beten wir, als sei Gott keine Person.

Wir müssen aufhören, aus der Erinnerung heraus zu beten, und anfangen, mit Fantasie zu beten. Verstehen Sie mich nicht falsch. Ganz gewiss habe auch ich einige »Gebetsmantras«, die ich immerzu wiederhole. Vor einer Predigt bitte ich beispielsweise: »Hilf mir, den Menschen zu helfen.« Das mache ich immer, und es ist mir ernst, wenn es mir über die Lippen kommt. Und ich bete regelmäßig Lukas 2,52 für meine Kinder. Ich bitte, dass sie zunehmen mögen »an Weisheit, Alter und Gnade bei Gott und den Menschen«. Solche auswendig gelernten Gebete sind nicht verkehrt, aber wir müssen auch unserer Fantasie freien Lauf lassen.

Vor einiger Zeit sprach ich in der *National Community Church* über die verschiedenen Formen und die Vielfalt des Gebets und forderte unsere Gemeinde heraus, ihr Gebetsverhalten zu verändern, also z.B. einmal an einem anderen Ort oder in einem anderen Tonfall zu beten. Ein paar Tage später bekam ich eine E-Mail von einem Gemeindemitglied der *NCC*, das ein Gebetsexperiment gewagt hatte:

Nach Ihrer Predigt in der *Union Station* beschloss ich, Ihre Herausforderung anzunehmen, Gott für die täglichen Wunder zu danken, die wir selbstverständlich von ihm erwarten und manchmal gar nicht richtig wahrnehmen. Ich wartete nicht erst auf den Abend, sondern fing gleich auf meinem Weg zur U-Bahn an. Da ich wusste, dass die Dankesliste unendlich lang sein würde, beschloss ich, mein Gebet nur auf die Wunder zu konzentrieren, die ich in diesem Augenblick erlebte.

> Danke für die Mitochondrien, die gerade Adenosintriphosphat herstellen. Danke für die Energie, die ich dadurch bekomme. Danke für die Glykolyse.

»Danke, Gott, für die Pause beim Aerobic. Danke für die Mitochondrien, die gerade Adenosintriphosphat herstellen. Danke für die Energie, die ich dadurch bekomme. Danke für die Glykolyse. Danke für das Pyruvat, das dabei entsteht.«

Da ich Biologie studiert habe, fanden sich viele Dinge auf der Liste. Als ich meine Wohnung in Arlington erreichte, dankte ich Gott gerade für jede einzelne Aminosäure.

»Danke, Gott, für das Glyzin. Danke für das Leucin. Und das Isoleucin. Und das Tryptophan.«

Als ich Gott schließlich für die Tatsache dankte, dass der ganze Organismus, der Aminosäuren bildet, dieselbe Chiralität besitzt, sodass mein Körper die Nährstoffe und die zellulären Bausteine aus der Nahrung umwandeln kann, konnte ich nicht mehr. Große Ehrfurcht über seine Schöpfung erfüllte mich.

Ich betete, während ich draußen spazieren ging. Ich dankte ihm für die Knochen, Bänder und Sehnen. Ich dankte ihm auch, dass ich aus einem unerfindlichen Grund im College nie einen Anatomiekurs belegt hatte, weil ich mich sonst gedrungen gefühlt hätte, jeden Knochen einzeln zu benennen und ihm dafür zu danken, was mich definitiv aufgehalten hätte bei meinem Vorhaben, für die Wunder zu danken, die ich gerade im Augenblick erlebte.

Ich habe den ganzen Tag ohne Unterbrechung gebetet! Ich hörte tatsächlich nicht auf und habe ganz bewusst die Dinge aufgelistet, für die ich dankbar war. Ich hörte Musik und dankte ihm für meine Ohrschnecke. Während der Vorbereitungen für das Abendessen dankte ich für das Xylem in den Pflanzen, die ich zubereitete. Ich dankte ihm ausführlich für die molekularen Eigenschaften des Wassers. Ich dankte ihm für die Bakterien in meinem Darm, die mir helfen, die Nahrung zu verdauen. Ich dankte ihm für die genetische Rekombination, die eine Entwicklung und Kultivierung der Baumwollpflanzen ermöglichte, sodass ich an diesem Tag eine Jeans tragen konnte.

Als die Sonne unterging und es um neun Uhr dunkel wurde, amüsierte sich Gott bestimmt über die Zwecklosigkeit meines Unterfangens, ihm für alles zu danken.

Schließlich brachte der Geist Gottes mich zum Schweigen und sagte:»Du kannst jetzt aufhören.«

Na, das war nun wirklich ein fantasievolles Gebet!

Das»Gesetz der erforderlichen Vielfalt«

Nach dem»Gesetz der erforderlichen Vielfalt« ist das Überleben jedes Systems von seiner Fähigkeit abhängig, die Vielfalt in seinen internen Strukturen zu fördern. Ungleichgewicht ist Leben. Gleichgewicht ist Tod. Ein lange andauerndes Gleichgewicht betäubt unsere Sinne, unseren Verstand und lässt unsere Muskeln verkümmern.

> Ungleichgewicht ist Leben. Gleichgewicht ist Tod.

Beim Sport wirkt die Routine schließlich kontraproduktiv. Wenn Sie immerzu auf dieselbe Weise trainieren, passen sich Ihre Muskeln langsam an und stellen ihr Wachstum ein. Sie müssen die Routine ändern. Sie müssen sie durcheinanderbringen. Dasselbe Prinzip lässt sich auch auf das geistliche Wachstum übertragen. Wir brauchen den Geist Gottes. Ohne ihn wird das Leben zur leeren Routine oder zum dumpfen Ritual. Mit ihm wird es verrückt und abwechslungsreich.

Wenn ich einen geistlichen Durchhänger habe, dann ist in neun von zehn Fällen etwas Heiliges zur Routine geworden. In einer solchen Situation hilft es mir, wenn ich meine Gewohnheiten durchbreche und mit geistlichen Disziplinen experimentiere. Aber das ist sicher bei jedem Menschen anders.

Manchmal reicht bereits eine kleine Veränderung. Stellen Sie Ihre Arbeitskraft ehrenamtlich einem Obdachlosenheim zur Verfügung. Fangen Sie an, ein Tagebuch zu schreiben, in dem Sie notieren, wofür Sie dankbar sein können. Schließen Sie sich einem Hauskreis oder einer Bibelgesprächsgruppe an. Nehmen Sie einen Tag frei und halten Sie eine persönliche Einkehr. Oder stehen Sie einfach morgens ein wenig früher auf und verbringen Sie zusätzliche Zeit mit Gott.

Mir hat es zum Beispiel sehr geholfen, eine neue Bibelübersetzung zu verwenden, um meine Stille Zeit zu beleben. Neue Worte verhelfen mir zu neuen Gedanken. Wenn Sie normalerweise die *Gute Nachricht Bibel* lesen, versuchen Sie es einmal mit der Luther-Übersetzung. Oder wenn Sie die Luther-Übersetzung lesen, versuchen Sie es einmal mit der *Neues Leben Bibel*.

> Kleine Veränderungen der Routine können eine radikale Veränderung zur Folge haben.

Kleine Veränderungen der Routine können eine radikale Veränderung zur Folge haben.

Aber manchmal ist auch ein nachhaltigerer Ansatz nötig, um ein geistliches Tief zu überwinden. Von Natur aus bin ich Optimist. Es kommt nicht oft vor, dass ich niedergeschlagen bin, und wenn es doch einmal so ist, kann ich es auch schnell wieder überwinden. Aber vor einigen Jahren lag ich emotional ganz am Boden und konnte nicht wieder aufstehen. Nur durch ein vierzigtägiges Fasten war es mir möglich, diese Zeit der Niedergeschlagenheit zu überwinden. Fasten bedeutet, etwas Beliebiges für einen begrenzten Zeitraum aufzugeben. Ich beschloss, vierzig Tage ohne Fernsehen zu leben. Und Gott machte mir klar, wie wichtig es für mich ist, auf seine

Stimme zu hören, viel wichtiger noch, als dass er meine Stimme hört. Ich konzentrierte mich also auf das Gebet, doch ich hatte mir zusätzlich vorgenommen, in jenen vierzig Tagen die ganze Bibel durchzulesen. Ich war nicht sicher, ob ich das schaffen würde, aber es ist erstaunlich, wie viel Zeit zur Verfügung steht, wenn das Fernsehgerät ausgeschaltet bleibt.

Was Gott mir in dieser vierzigtägigen Fastenzeit deutlich machte, veränderte mein Leben. Und ich besitze jetzt ein Tagebuch, in dem ich meine Gedanken notiert habe. Denn ein besonderer Gebetsspaziergang an einem bestimmten Tag wurde zu meinem »brennenden Dornbusch«. Ich stand neben der Senatsfontäne zwischen der *Union Station* und dem *Capitol Hill* und sprach mit Gott, als er mich an eine einfache Wahrheit erinnerte: »Es geht hier nicht um das, was du für mich tun kannst, sondern um das, was ich für dich getan habe.« Ich weiß, das ist kein revolutionärer Gedanke. Aber diese Erkenntnis veränderte mein Leben grundlegend. Ich werde nie mehr derselbe sein. Und diese Senatsfontäne gehört zu meinen brennenden Büschen.

Wirf deinen Stab auf die Erde!

Jeden Sommer nehme ich eine sechswöchige Sabbatzeit vom Predigtdienst. Ich tue das aus folgendem einfachen Grund: Ich konzentriere mich zu oft auf das, was Gott *durch* mich tun möchte, und vernachlässige dabei ganz, was Gott *in* mir tun will. Darum ziehe ich für sechs Wochen meine Sandalen aus. Ich fahre in den Urlaub. Ich gehe mit meiner Familie in die Kirche. Und sonntags sitze ich während mehrerer Wochen in unserer Gemeinde im Gottesdienst, mache mir Notizen und singe die Lieder mit wie alle anderen Gemeindemitglieder auch. Meine Sabbatzeit soll unter anderem verhindern, dass die Routine zur Routine wird. Aber hier geht es nicht nur darum, die Sandalen auszuziehen. Lassen Sie mich das erklären.

Kurz nachdem Gott Mose aufgefordert hatte, seine Sandalen auszuziehen, sprach er noch eine seltsame Bitte aus. Er forderte Mose auf, seinen Stab zu Boden zu werfen.

Der Herr sprach zu ihm: Was hast du da in deiner Hand? Er sprach: Einen Stab. Der Herr sprach: Wirf ihn auf die Erde. Und er warf ihn auf die Erde; da ward er zur Schlange und Mose floh vor ihr. Aber der Herr sprach zu ihm: Strecke deine Hand aus und erhasche sie beim Schwanz. Da streckte er seine Hand aus und ergriff sie, und sie ward zum Stab in seiner Hand. Und der Herr sprach: Darum werden sie glauben, dass dir erschienen ist der Herr, der Gott ihrer Väter, der Gott Abrahams, der Gott Isaaks, der Gott Jakobs (2. Mose 4,2-5).

Ein Hirtenstab war ein etwa zwei Meter langer, an einem Ende gebogener Holzstab. Er wurde als Spazierstock, Waffe und als Rute genutzt, um die Herde zu führen. Mose ging nie ohne seinen Stab aus dem Haus, der ein Symbol für seine Sicherheit war. Er bot ihm körperlichen Schutz vor wilden Tieren. Er sicherte ihn finanziell ab – seine Schafe waren sozusagen sein Portfolio. Und er war auch ein Symbol für die Sicherheit, die ihm seine Familie gab. Immerhin arbeitete Mose für seinen Schwiegervater.

Aber der Stab war nicht nur ein Symbol für seine Sicherheit. Er war auch Teil seiner Identität. Wenn Mose in den Spiegel schaute, sah er einen Hirten – nicht mehr und nicht weniger. Das war wahrscheinlich auch der Grund für Moses Bitte, einen anderen zu senden. *Wer bin ich, dass ich zum Pharao gehe und führe die Israeliten aus Ägypten?*

> **Es geht hier nicht darum, wer du bist, sondern zu wem du gehörst.**

(2. Mose 3,11). Doch Gott beantwortete die Frage, indem er die Blickrichtung änderte. Er sagte: *Ich will mit dir sein* (2. Mose 3,12). Eigentlich ist das keine richtige Antwort auf Moses Frage, oder? Sie gefällt mir aber sehr gut.

Ich denke, Gott wollte damit ausdrücken: »Es geht hier nicht darum, *wer* du bist, sondern *zu wem* du gehörst.«

Hat Gott Sie jemals aufgefordert, etwas zu Boden zu werfen? Einen Gegenstand, in dem Sie Sicherheit gefunden haben oder der Ihnen Ihre Identität gegeben hat? Es ist schrecklich schwer, loszulassen, ich weiß. Man hat das Gefühl, seine Zukunft in Gefahr zu bringen. Und man bekommt Angst, etwas zu verlieren, was einem sehr wichtig ist.

Doch in einem solchen Augenblick erkennen Sie, wer Sie eigentlich sind.

In der *National Community Church* darf ich mit einem hervorragenden Team zusammenarbeiten. Und glauben Sie mir, meine Mitarbeiter haben den Job bei der *NCC* nicht angenommen, weil das Gehalt so gut ist! Sie kamen, weil sie sich berufen fühlten. Eine derjenigen, die am längsten zu unseren Angestellten gehört, ist Heather Zempel, unsere Pastorin für Jüngerschaft. Heather arbeitete auf dem *Capitol Hill* in einem Senatsbüro. Sie hatte sich während ihres Studiums mit Umweltfragen beschäftigt und ihren Traumjob in der Umweltbehörde bekommen. Heather liebte ihre Arbeit und verdiente gemessen am Durchschnittsgehalt im Regierungsviertel viel Geld. Doch dann habe ich ihr einen Strich durch die Rechnung gemacht. Ich bat sie, für die *National Community Church* zu arbeiten, was längere Arbeitszeiten und weniger Gehalt bedeutete. Heather hätte ihre Stellung beim Senat behalten können und ihr Leben wäre weitergegangen wie bisher. Aber sie hatte den Mut, ihren Stab auf die Erde zu werfen und sich in diese neue Position zu begeben. Heather gehört zu den besten Kommunikatorinnen und Führungspersönlichkeiten, mit denen ich bisher zusammengearbeitet habe. Und ohne sie wäre die *NCC* nicht da, wo sie heute steht. Doch das alles haben wir ihrem Mut zu verdanken, ihren Stab auf die Erde zu werfen, aus ihrem Käfig auszubrechen und die Wildgans zu jagen.

Ich litt mit Heather in ihrem Entscheidungsfindungsprozess. Und ich leide mit Ihnen, weil ich weiß, wie schwierig es ist, seinen Stab auf die Erde zu werfen. Mir fiel es sehr schwer, mein Stipendium an der Universität von Chicago aufzugeben. Es war nicht leicht, mein sicheres Umfeld mit Freunden und Familie zu verlassen und von Chicago nach Washington D.C. zu ziehen. Aber eine

> Eine neue Identität entdeckt man nur, wenn man die alte loslässt. Und unsere Sicherheit in Christus finden wir nur, wenn wir die menschlichen Sicherheiten, an die wir uns so gern klammern, zu Boden werfen.

neue Identität entdeckt man nur, wenn man die alte loslässt. Und unsere Sicherheit in Christus finden wir nur, wenn wir die menschlichen Sicherheiten, an die wir uns so gern klammern, zu Boden werfen.

In der Geschichtswissenschaft gibt es die »kontrafaktische Theorie«. Sie stellt die Frage, was gewesen wäre, wenn ... Also: Was wäre geschehen, wenn Mose seinen Stab festgehalten hätte? Ich glaube, die Antwort liegt auf der Hand: Der Hirtenstab wäre ein Hirtenstab geblieben. Gott hätte Mose nicht gebraucht, um Israel zu befreien. Mose wäre vermutlich geradewegs zu seiner Herde zurückgekehrt.

Wenn wir nicht bereit sind, unseren Stab niederzuwerfen, entgeht uns das Wunder, das bereits zum Greifen nahe ist. Wir müssen bereit sein, unsere alte Identität loszulassen, um eine neue Identität anzunehmen. Dieses Wunder hat Mose erlebt. Der Stab verwandelte sich in eine Schlange und der Schafhirte wurde zum Führer eines ganzen Volkes. Doch zuerst musste Mose den Hirtenstab zu Boden werfen, um sich in ein Werkzeug Gottes verwandeln zu lassen.

Viele von uns setzen das Wunder, das zum Greifen nahe ist, aufs Spiel, weil sie nicht bereit sind, den Stab zu Boden zu werfen.

Soweit wir wissen, ist dies das erste Wunder, das Mose erlebte. Wenn er den Stab festgehalten hätte, hätte er wohl auch alle nachfolgenden Wunder nicht erlebt. Er hätte für den Rest seines Lebens Schafe gezählt.

Worin finden Sie Ihre Identität? Was gibt Ihnen Sicherheit? Ist es ein Titel? Ein Gehaltsscheck? Eine Beziehung? Ein Diplom? Ein Name? Diese Dinge sind nicht verkehrt, solange Sie sich nicht daran festklammern. Wenn Sie jedoch feststellen, dass Sie Ihre Sicherheit außerhalb von Christus finden, dann wiegen Sie sich fälschlicherweise in Sicherheit. Und auch Ihre Identität ist eine andere. Solange Sie Ihren Stab festhalten, werden Sie nie erfahren, was Sie mit Gottes Hilfe hätten bewirken können. Und lassen Sie mich eines sagen: Ihr Erfolg ist nicht abhängig von dem, was in Ihrer Hand ist. Ihr Erfolg hängt davon ab, ob Gott seine mächtige Hand über Ihnen ausstreckt.

> Ihr Erfolg ist nicht abhängig von dem, was in Ihrer Hand ist. Ihr Erfolg hängt davon ab, ob Gott seine mächtige Hand über Ihnen ausstreckt.

Lassen Sie mich Sie also herausfordern: Werfen Sie Ihren Stab zu Boden, brechen Sie aus Ihrem Käfig aus und entdecken Sie das Abenteuer, das alles andere ist als Routine.

❀ Sind Sie in bestimmten Routinen gefangen? Wie wirkt sich das auf Ihr geistliches Leben aus?

❀ Haben Sie in den kommenden sechs Monaten die Gelegenheit, eine Reise zu unternehmen, die nicht nur Ihren Horizont erweitern, sondern auch Ihre Einstellung verändern könnte (geistliche Einkehrtage, eine Missionsreise oder ein Urlaub)?

❀ Sind Sie beschäftigt? Vielleicht sogar *sehr* beschäftigt? Wie können Sie sich Ruhepausen in Ihrem Terminplan schaffen, um auf den Ruf der Wildgans zu hören?

❀ Inwiefern sind Ihre geistlichen Übungen, Ihre Anbetung und Ihr Gebet berechenbar geworden bis zu dem Punkt, dass sie nichts mehr bewirken? Was können Sie tun, um wieder frischen Wind in Ihre Beziehung zu einem ungezähmten Gott zu bekommen?

❀ Welches ist der »Stab«, den Sie »zu Boden werfen« müssen? Schaffen Sie das?

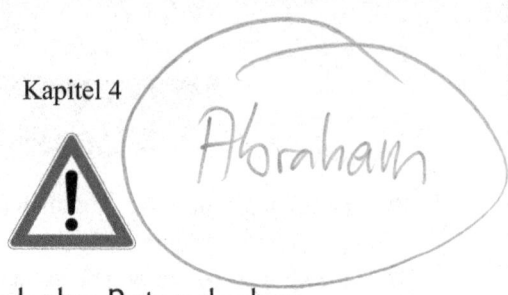

Kapitel 4

Drei Meter hohe Betondecken

Aus dem Käfig der Annahmen ausbrechen

Wenn ich mir etwas wünschen dürfte, wünschte ich mir weder Reichtum noch Macht, sondern die Leidenschaft der Möglichkeit; ich wünschte mir ein Auge, das, ewig jung, ewig von dem Verlangen brennt, die Möglichkeit zu sehen. Das Vergnügen enttäuscht, die Möglichkeit nicht. Und welcher Wein ist so sprudelnd, so duftend, so belebend wie die Möglichkeit?

→ Sören Kierkegaard

Vor einiger Zeit stieß ich auf eine wissenschaftliche Studie mit einem interessanten Titel:»Gibt es eine paleolimnologische Erklärung für das ›Gehen auf dem Wasser‹ auf dem See Genezareth?« Na los, schlagen Sie das Wort *paleolimnologisch* nach, wenn Sie möchten. Ich kannte es auch nicht.

Doron Nof, ein Experte für Ozeanografie und Limnologie, vertritt die Meinung, dass im Laufe der vergangenen Jahrtausende eine seltene Kombination von atmosphärischen Bedingungen möglicherweise bewirkt haben könnte, dass Eisschollen auf dem See Genezareth trieben. Erraten Sie, worauf das abzielt? Obwohl Nofs Berechnungen zufolge dieses Phänomen weniger als einmal alle tausend Jahre zu beobachten ist, hinderten ihn diese Umstände nicht daran, infrage zu stellen, ob Jesus überhaupt auf dem Wasser gegangen ist. Vielleicht ist er ja auf einer treibenden Eisscholle gesurft …

Dabei ist es meiner Meinung nach sehr einfach. Ich denke, Jesus wandelte auf dem Wasser, weil in der Bibel steht, dass Jesus auf dem Wasser gewandelt ist (vgl. Matthäus 14,22-33). Aber ich muss zugeben, ich weiß nicht, was ich lieber miterleben würde. Dass er mitten in der Nacht bei schwerem Seegang mit hohen Wellen und wenig Sicht auf einer Eisscholle auf dem See Genezareth surft, erscheint mir beinahe ein genauso großes Wunder zu sein, wie auf dem Wasser zu wandeln.

Doron Nof schreibt:»Ob dies nun der Fall war oder nicht, darüber müssen sich die Religionsgelehrten, Archäologen, Anthropologen und Gläubigen Gedanken machen. Als Naturwissenschaftler weisen wir nur darauf hin, dass einzigartige Gefrierprozesse in jener Region in den vergangenen 12 000 Jahren mehrmals vorgekommen sind.«[11]

Nof ist Naturalist. Und als Naturalist fehlt es ihm an einer kognitiven Kategorie für das Übernatürliche. Darum tat Nof, was viele von uns tun, wenn etwas nicht in unsere bereits vorhandenen Denkmuster passt. Wir erklären weg, was wir nicht erklären können. Bei mir stelle ich diese Neigung immer wieder fest. Ich wette, Sie kennen das auch.

> Wir erklären weg, was wir nicht erklären können.

Anstatt ein Geheimnis so stehen zu lassen, suchen wir nach einer menschlichen Erklärung für übernatürliche Phänomene. Anstatt staunend zu leben, versuchen wir, den Allwissenden in die logischen Grenzen unserer linken Gehirnhälfte zu pressen. Und wenn ich das so mutig sagen darf, ich glaube nicht, dass wir deshalb klüger dastehen. Ich finde, wir wirken dadurch kleinkariert. Und nicht Gott wird dadurch kleiner. Wir werden es.

Gott durchbricht nicht nur unsere Routine, wie wir im letzten Kapitel gesehen haben, er fordert uns auch in Bezug auf unsere Annahmen heraus. Annahmen, die das Geheimnis und die Erhabenheit aus dem Leben verschwinden lassen.

Der zusammengebastelte christliche Glaube

Im Anfang schuf Gott den Menschen in seinem Bild (vgl. 1. Mose 1,27). Und seither hat der Mensch Gott in sein Bild gepresst.

Nennen wir es Naturalismus. Nennen wir es Anthropomorphismus. Nennen wir es Götzenanbetung. Nennen Sie es, wie Sie wollen. Die Folge dieser geistlichen Umkehrung ist ein Gott, der etwa unserer Größe entspricht und uns erschreckend ähnlich sieht. Sicherlich ist unser geistlicher Mangel häufig darauf zurückzuführen, dass wir in menschlichen Begriffen über Gott nachdenken. Wir schaffen ihn in unserem Bild, und wie A.W. Tozer in *Knowledge of the Holy* sagte, haben wir auf einmal einen Gott, der uns »nicht mehr überraschen, nicht mehr überwältigen, uns nicht mehr in Erstaunen versetzen oder über uns hinausgehen kann«[12].

Thomas Jefferson, der Verfasser der Unabhängigkeitserklärung, liebte die Lehren Jesu. Er nannte sie den »höchsten und gütigsten Sittenkodex, der den Menschen je gegeben wurde«. Aber Jefferson war gleichzeitig auch ein Kind der Aufklärung. Wunder hatten in seinem Denken keinen Raum, darum nahm er eine Schere zur Hand und schnitt die Wunder aus seiner *King James*-Bibel heraus. Er brauchte zwei oder drei Nächte dafür. Als er damit fertig war, fehlten die Jungfrauengeburt, die Engel, die Auferstehung und alle anderen Wunder in der Bibel. Das Ergebnis war ein Buch mit dem Titel *The Life and Morals of Jesus of Nazareth* oder die Jefferson-Bibel, wie sie häufig genannt wird.

Das ist schwer vorstellbar, oder? Und uns, die wir glauben, dass die Bibel von Gott inspiriert ist, stößt das übel auf. Wir machen Jefferson Vorhaltungen: *Du darfst dir die Bibel nicht selbst zusammenstellen. Du darfst nicht an ihr herumbasteln. Das geht so nicht.* Die Wahrheit ist jedoch: Auch wenn viele von uns sich nicht vorstellen können, mit einer Schere an die Bibel heranzugehen und bestimmte Verse herauszuschneiden, handeln wir doch oft genau wie Jefferson. Wir lesen über die Verse, die wir nicht verstehen können, hinweg. Wir ignorieren Passagen, die uns nicht gefallen. Und wir rationalisieren die Stellen, die uns zu radikal erscheinen.

Darf ich etwas gestehen? Wenn ich in der Bibel lese und auf einen Vers stoße, den ich nicht ganz verstehe oder den ich nicht in meinem Leben umsetze, lese ich schnell weiter. Doch ich werde langsamer, wenn ich zu Stellen komme, die ich begreife und anwende. Das liegt

in der Natur des Menschen, oder? Ich habe jedoch Folgendes gelernt:
Wenn ich zu einem Vers komme, über den ich am liebsten schnell hinweggehen möchte, dann sollte ich besonders
langsam lesen!

Wenn ich zu einem Vers komme, über den ich am liebsten schnell hinweggehen möchte, dann sollte ich besonders langsam lesen!

Vielleicht gehen wir nicht mit einer Schere
zu Werke und schneiden Teile aus der Bibel heraus, aber das Ergebnis ist dasselbe. Wir picken
uns das heraus, was uns passt. Wir verfangen
uns in unserer eigenen Logik. Unser Leben be-
schränkt sich auf die Dinge, die wir mit unserer
Großhirnrinde verstehen können. Und dabei
landen wir im Käfig unserer eigenen Annah-
men. Und je mehr Annahmen wir haben, desto kleiner wird unser
Käfig.

Sehen wir uns Abraham an.

Sternengucker

*Und er [Gott] hieß ihn [Abraham] hinausgehen und sprach: Sieh
gen Himmel und zähle die Sterne; kannst du sie zählen? Und
sprach zu ihm: So zahlreich sollen deine Nachkommen sein*
(1. Mose 15,5).

Über diese Geschichte gehen wir leicht gedankenlos hinweg. Gott hat
Abraham versprochen, dass seine Nachkommen so zahlreich sein würden wie die Sterne am Himmel. Na und? Aber was Gott *tat,* ist genauso
wichtig wie das, was Gott *sagte*: Er forderte ihn auf, hinauszugehen.

Abraham hatte sich in seinem Zelt verkrochen. Er starrte sozusagen an die Decke. Darum nahm Gott ihn mit auf einen Spaziergang
und gab ihm einen Auftrag: Zähle die Sterne. Ich frage mich, wie
lange das wohl gedauert hat. Vielleicht die ganze Nacht. Aber als
Abraham mit dem Zählen aufhörte, hatte Gott ihm eine Lektion erteilt, die er nie vergessen würde. Er würde den Himmel nie mehr so
sehen können wie früher. Die Sterne waren die sichtbare Erinnerung
an das Versprechen, das Gott ihm gegeben hatte.

Vor einiger Zeit ging ich mit meinen beiden Söhnen zum Campen. Am Abend legten wir uns fünfzehn Minuten lang auf den Rücken und schauten zu den Sternen hoch. Parker erklärte mir einige Sternbilder. Und Josiah deutete auf die beweglichen Sterne, auch Flugzeuge genannt. Während wir die Weite des Weltalls, das sich Milliarden Lichtjahre in alle Richtungen erstreckt, auf uns wirken ließen, wurde uns die Größe Gottes ganz neu bewusst. Es gibt nichts Schöneres, als in den Nachthimmel hinaufzusehen. Alles rückt in die richtige Perspektive und der Geist wird erfrischt. Es erinnert mich daran, wie klein ich bin und wie groß Gott ist.

Als Teddy Roosevelt Präsident war, gingen er und sein naturalistisch eingestellter Freund William Beebe nach dem Abendessen gern nach draußen und sahen hinauf in den Nachthimmel. Wenn sie dann den schwachen Lichtschimmer in der unteren linken Ecke des Pegasus entdeckten, führten sie stets folgendes Gespräch:

Das ist die Spiralgalaxie in Andromeda.

Sie ist größer als unsere Milchstraße.

Sie ist eine von 100 Millionen Galaxien.

Sie ist 750 000 Lichtjahre entfernt.

Sie besteht aus 100 Milliarden Sonnen, von denen jede größer ist als unsere Sonne.

Roosevelt hielt dann inne und grinste. Dann sagte er zu seinem Freund: »Und jetzt, denke ich, fühlen wir uns klein genug! Lass uns zu Bett gehen.«[13]

> Solange Abraham sich in seinem Zelt aufhielt, versperrte eine von Menschen geschaffene Decke ihm die Sicht. Sie verhüllte die Versprechen Gottes.

Warum schickte Gott Abraham nach draußen? Die Antwort liegt auf der Hand. Solange Abraham sich in seinem Zelt aufhielt, versperrte eine von Menschen geschaffene Decke ihm die Sicht. Sie verhüllte die Versprechen Gottes.

Uns geht es genauso. Das ist wie bei kleinen Kindern, bei denen die sogenannte *Objektpermanenz* noch nicht ausgebildet ist. Aus den Augen, aus dem Sinn. Wir verlieren die Perspektive, wenn wir die Versprechen Gottes nicht sichtbar vor uns haben.

Gott wollte Abraham daran erinnern, wie groß er war, darum ließ er ihn ein wenig in die Sterne schauen. Bestimmt wollte er damit sagen: »Baue keine drei Meter hohen Betondecken, die dir die Sicht versperren für das, was ich tun kann.«

Schneller als Licht

1964 veröffentlichte Stewart Bell einen Aufsatz mit der Überschrift »Über das Einstein-Posolsky-Rosen-Paradox«, der die Quantenphysik revolutionierte. Bell widerlegte im Wesentlichen die Prinzipien der lokalen Ursachen, die besagen, dass die Beziehungen zwischen Teilchen über lokale Kräfte vermittelt werden müssen. Bells Forschung ergab, dass alles im Universum miteinander verbunden ist, ungeachtet der Distanz.

Die klassische Physik beruhte im Großen und Ganzen auf der Annahme, dass sich im Universum nichts schneller bewegen kann als das Licht. In anderen Worten dachte man, dass die Geschwindigkeitsgrenze des Universums bei 300 000 Kilometern pro Sekunde liegt. Experimente haben jedoch gezeigt, dass sich zwei subatomare Teilchen, die als Folge einer subatomaren Reaktion ins All geschossen werden, immer gegenseitig zu beeinflussen scheinen, wie groß die Entfernung zwischen ihnen auch ist. Was mit dem einen Teilchen passiert, passiert auch mit dem anderen Teilchen – schneller als die Lichtgeschwindigkeit. Unsichtbare Verbindungen zwischen allen Teilchen trotzen Raum und Zeit. In der Fachsprache wird das *Quanten-Nichtlokalität* genannt.

Albert Einstein bezeichnete dieses Phänomen als »spukhafte Fernwirkung«. Das ist auch eine passende Definition für die Souveränität Gottes, denke ich. Gott ist schneller als die Lichtgeschwindigkeit. Er ist der allerhöchste und allernaheste Gott.

Was ich sagen möchte, ist Folgendes: Im physischen Universum gibt es zu viele Annahmen über das, was möglich ist und was nicht. Denselben Fehler begehen wir in geistlicher Hinsicht. Solche Überzeugungen begrenzen jedoch unser Leben und engen uns ein. Es ist gefährlich anzunehmen, wir wüssten mehr, als wir tatsächlich wissen.

wir machen zu viele Annahmen

In der Bibel wird dieses Denken infrage gestellt: *Wenn jemand meint, er habe etwas erkannt, der hat noch nicht erkannt, wie man erkennen soll* (1. Korinther 8,2).

> **Es ist gefährlich anzunehmen, wir wüssten mehr, als wir tatsächlich wissen.**

Die klügsten Menschen auf der Welt sind nicht diejenigen, die viel wissen, sondern diejenigen, die wissen, wie groß ihre Defizite sind. Oder anders ausgedrückt: Die klügsten Menschen sind die, die nicht immer mit bestimmten Vorannahmen an Dinge herangehen.

Der Begriff *kritischer Realismus* kommt aus der Wissenschaftsphilosophie. Dabei geht es darum, anzuerkennen, dass wir nicht alles wissen, was es zu wissen gibt, darum sind wissenschaftliche Theorien stets der Veränderung aufgrund neuer Entdeckungen unterworfen. Solche intellektuelle Demut, gepaart mit Neugier, führt zu neuen Ergebnissen.

In der Theologie brauchen wir auch ein bestimmtes Maß an kritischem Realismus. Der Stolz wird verletzt, wenn unsere Überzeugungen infrage gestellt werden. Die Demut freut sich jedoch über eine solche Herausforderung, weil der Wunsch, Gott kennenzulernen, größer ist als das Bedürfnis, recht zu haben. Und Demut, gepaart mit Neugier, bringt uns dazu, immer weiter zu fragen, zu suchen, zu bitten und anzuklopfen (vgl. Matthäus 7,7).

Daraus folgt: Je größer Ihr Glaube ist, von desto weniger Vorannahmen werden Sie ausgehen. Warum? Weil bei Gott alle Dinge möglich sind (vgl. Matthäus 19,26).

Herausgefordert

119 Fragen pro Tag gehen verloren

Nach einer Studie von Rolf Smith fragen Kinder 125-mal am Tag nach einer Erklärung. Erwachsene dagegen nur etwa ein halbes Dutzend Mal.[14] Das bedeutet, irgendwo zwischen der Kindheit und dem Erwachsenenalter »verlieren« wir 119 Fragen pro Tag.

Als mein Sohn Parker fünf Jahre alt war, habe ich selbst ein Forschungsprojekt durchgeführt. Mich faszinierten die Menge und die Vielfalt von Parkers Fragen, darum habe ich eine Woche lang Buch

78

kritischer Realismus in theol. Fragen
Stolz ← verletzt, wenn Überzeugung in Frage gestellt
Demut ← freut sich, denn: Wunsch Gott kennen & lernen wichtiger als, Drang, recht zu haben

Demut & Neugier
Mt 7,7
Mt 19,26

darüber geführt. Hier ist eine Auswahl der Fragen, die ich in jener Woche notierte:

- ✿ »Warum leben Wale im Wasser?«
- ✿ »Warum fliegen Flugzeuge über Autos hinweg?«
- ✿ »Warum verwandeln sich Raupen in Schmetterlinge?«
- ✿ »Warum stehen in der Nacht Sterne am Himmel?«
- ✿ »Warum haben Häuser Türen?«
- ✿ »Warum können Pferde springen?«

Parker sollte auch merken, dass es nicht auf jede Frage eine einfache Antwort gab, darum wollte ich ihn etwas Schwieriges fragen. Ich überlegte lange und intensiv. Es sollte eine Frage sein, die mein Fünfjähriger nicht so leicht würde beantworten können. Mir fiel folgende ein: »Parker, warum regnet es?« Ohne auch nur einen Augenblick zu zögern, senkte mein Fünfjähriger die Stimme und erwiderte in verschwörerischem Tonfall: »Weil die Erde Durst hat.«

Nun gut, ich hatte es wenigstens probiert.

Kinder werden mit einer unglaublichen Neugier geboren. Wenn wir für jede ihrer Fragen, *warum* etwas so oder so ist, fünf Cent bekämen, könnten wir mit dem Geld ihr Studium finanzieren. Und sie interessieren sich nicht nur für alles, sie glauben auch daran, dass alles möglich ist. Kinder nehmen nicht von vornherein bestimmte Dinge an. Sie schwimmen in einem Meer von Möglichkeiten.

Leider hören an irgendeinem Punkt in unserem Leben viele von uns auf, Fragen zu stellen, und fangen an, von bestimmten Annahmen auszugehen und Überzeugungen zu haben.

> Leider hören an irgendeinem Punkt in unserem Leben viele von uns auf, Fragen zu stellen, und fangen an, von bestimmten Annahmen auszugehen und Überzeugungen zu haben.

Wir sehen nicht mehr zu den Sternen hinauf, sondern starren stattdessen an die Decke. Wenn wir diesen Punkt erreicht haben, müssen wir unbedingt eine Familie gründen.

Ich danke Gott für Kinder! Ich denke, es gibt viele Gründe, warum

Gott uns Kinder schenkt, aber einer ist sicherlich der, dass sie unsere Erwachsenen-Überzeugungen hinterfragen. Meine Kinder wollen mich nicht nur glauben machen. Sie bringen mich dazu, zu glauben. Als Vater obliegt mir die Verantwortung, meinen Kindern etwas beizubringen. Aber ich frage mich, ob ich nicht vielmehr die Pflicht habe, selbst von ihnen zu lernen. Immerhin hat Jesus gesagt: *Wenn ihr nicht umkehrt und werdet wie die Kinder, so werdet ihr nicht ins Himmelreich kommen* (Matthäus 18,3).

Unsere Kinder besuchen gern das Nationale Luft- und Raumfahrtmuseum in Washington D.C. Es liegt nur wenige Straßenzüge von unserem Haus entfernt und darum gönnen wir uns gelegentlich einen Besuch und tauchen ein in die Geschichte der Luftfahrt – von den Drachen bis zu den Raketen. Bei einem Besuch – Josiah war damals noch ein Kleinkind – war eine Douglas DC-7 der *American Airlines* im Querschnitt ausgestellt. Als wir an Bord gehen wollten, bemerkte ich den besorgten Ausdruck auf Josiahs Gesicht. Ich fragte ihn, ob er in das Flugzeug einsteigen wollte, und er fragte mich: »Tut nicht fliegen, oder?«

> Kinder können nicht einschätzen, was möglich und was nicht möglich ist. Sie haben keine Annahmen. Keine Überzeugungen. Keine Unmöglichkeiten. Keine Begrenzungen.

Lora und ich mussten über die Frage lachen. Sie war so abwegig. Das Flugzeug hatte keine Flügel, keine Motoren und es war auch weit und breit keine Startbahn zu sehen. Es war nur ein sechs Meter langer Querschnitt! Doch Josiah hatte Angst, es könne abheben. Bei jedem Ausstellungsstück, das wir uns an jenem Nachmittag anschauten, fragte er: »Tut nicht fliegen, oder?«

Das ist das Schöne an der Kindheit. Kinder können nicht einschätzen, was möglich und was nicht möglich ist. Sie haben keine Annahmen. Keine Überzeugungen. Keine Unmöglichkeiten. Keine Begrenzungen. Die einzige Begrenzung, die sie kennen, ist ihre ihnen von Gott gegebene Fantasie.

Da wir gerade beim Thema Fliegen sind: 1870 fand eine jährliche Gemeindekonferenz im *Westfield College* in Illinois statt. Während des Treffens sagte der Dekan des Colleges prophetisch voraus: »Wir gehen auf eine Zeit großer Erfindungen zu. Ich glaube, dass der Tag nicht mehr fern ist, wo Menschen wie Vögel durch die Luft fliegen werden.« Ein anwesender Bischof warf ihm Ketzerei vor. »In der Bibel steht, dass nur die Engel fliegen können!«[15]

Der Nachname des Bischofs? Wright. Seinen beiden Söhnen Orville und Wilbur gelang in Kitty Hawk, North Carolina, am 17. Dezember 1903 der erste verzeichnete erfolgreiche kontrolliert gesteuerte Motorflug.

Wo wären wir, wenn es keine Kinder gäbe, die unsere Überzeugungen infrage stellen?

Gegen alle Hoffnung

Ich denke, die meisten von uns nehmen Folgendes an: Eine neunzig Jahre alte Frau kann keine Kinder bekommen.

Das ist doch richtig, oder? Es ist anatomisch, biologisch und gynäkologisch unmöglich, dass eine Frau nach den Wechseljahren noch ein Kind bekommt. Oder doch nicht?

Er hat geglaubt auf Hoffnung, wo nichts zu hoffen war, dass er der Vater vieler Völker werde, wie zu ihm gesagt ist: »So zahlreich sollen deine Nachkommen sein.« Und er wurde nicht schwach im Glauben, als er auf seinen eigenen Leib sah, der schon erstorben war, weil er fast hundertjährig war, und auf den erstorbenen Leib der Sara. Denn er zweifelte nicht an der Verheißung Gottes durch Unglauben, sondern wurde stark im Glauben und gab Gott die Ehre und wusste aufs allergewisseste: Was Gott verheißt, das kann er auch tun (Römer 4,18-24).

Glaube ist nicht logisch. Aber er ist auch nicht unlogisch. Glaube ist *theo*logisch. Er ignoriert nicht die Realität; er fügt nur Gott in die Gleichung mit ein. Abraham »wurde nicht schwach im Glauben« und wusste »aufs allergewisseste«, dass Gott die Macht hatte, sein Versprechen einzulösen. Der Glaube ist nicht gedankenlose Ignoranz; er

81

weigert sich einfach, Gott auf die logischen Beschränkungen der linken Gehirnhälfte zu begrenzen.

> **Glaube ist nicht logisch. Aber er ist auch nicht unlogisch. Glaube ist *theo*logisch.**

Sehen Sie es doch einmal so: Die Logik stellt Gott infrage. Der Glaube stellt unsere Annahmen infrage. Und im Endeffekt bedeutet Glaube, Gott mehr zu vertrauen als den eigenen Überzeugungen.

Ich möchte Ihnen eine Frage stellen: Welche Beschränkungen haben Sie Gott auferlegt? Welche Versprechen haben Sie als unmöglich abgetan? Welche Annahmen halten Sie in Ihrem Käfig gefangen?

Eine weitverbreitete Annahme, die uns in unseren Käfig sperrt, ist folgende: *Ich bin zu alt.* Diese Überzeugung musste Abraham hinterfragen. Er war einhundert Jahre alt. *Sein Leib war erstorben.* Aber gegen alle Hoffnung hoffte er weiter.

Wir in der *NCC* haben einen Wahlspruch: »Es ist nie zu spät, zu dem Menschen zu werden, der man hätte sein können.« In der Bibel begegnen uns eine Fülle von Spätzündern. Jesus war dreißig Jahre alt, als er seinen Dienst begann. Mose war bereits über achtzig, als er die Führung des Volkes übernahm. Und Noah war fünfhundert Jahre alt, als er die Arche baute.

Es ist egal, wie alt Sie sind. Wenn Sie noch atmen, dann heißt das, dass Gott mit Ihnen noch nicht fertig ist.

Zu meinen Heldinnen gehört eine Frau mit Namen Harriet Doerr. In einer Zeit, in der die meisten Frauen nicht einmal an ein Collegestudium dachten, träumte sie davon, einen akademischen Abschluss zu machen. Doch die Lebensumstände hinderten sie daran. Finanzielle Gründe, dann Heirat und schließlich die Kinder machten es ihr unmöglich, ihr Ziel zu erreichen. Aber der Traum blieb lebendig. Mit siebenundsechzig legte Harriet ihre Bachelor-Prüfung an der *Stanford University* ab. Und mit dreiundsiebzig schrieb sie ihren ersten Roman *Stones for Ibarra*, der 1984 sogar mit dem *National Book Award* ausgezeichnet wurde.

Mir gefällt Harriets Sicht des Alters. »Das Beste am Alter ist, dass man beobachten kann, wie die Fantasie die Erinnerung überholt.«

Wenn Sie im Käfig Ihrer Annahmen bleiben, wird die Erinnerung die Fantasie überholen. Wenn Sie sich dem Geist Gottes öffnen, wird jedoch das Gegenteil geschehen.

Bereit?

Sie sind niemals zu alt, um sich auf die Wildgansjagd zu begeben. Natürlich sind Sie auch niemals *zu jung*. Unsere Unerfahrenheit führt zu einer anderen falschen Überzeugung, die uns im Käfig eingesperrt hält. David war noch ein Kind, als er gegen Goliat kämpfte. Viele Gelehrten sind der Meinung, dass Maria ein Teenager war, als sie Jesus zur Welt brachte. Und die Jünger waren um die zwanzig. Wenn Alter oder Erfahrung Qualifikationen wären, dann hätte keiner von ihnen getan, was er getan hat.

Ich habe erfahren, dass Gott uns häufig einen Auftrag gibt, bevor wir das Gefühl haben, dazu bereit zu sein. Ich bin nicht einmal sicher, ob Jesus sich bereit fühlte, das Zimmermannshandwerk an den Nagel zu hängen und seinen Dienst zu beginnen.

> Ich habe erfahren, dass Gott uns häufig einen Auftrag gibt, bevor wir das Gefühl haben, dazu bereit zu sein.

Wissen Sie noch, was er bei der Hochzeit zu Kana sagte, bevor er sein erstes Wunder tat? *Meine Stunde ist noch nicht gekommen* (Johannes 2,4). Das ist irgendwie doch schon ein leichtes Zögern, oder? Ich finde es faszinierend und ermutigend.

Natürlich hat Jesu Aussage eine tiefere Bedeutung. Er wartete damit, seine Macht zu offenbaren, bis der Heilige Geist auf ihn kam. Aber das heißt nicht, dass Jesus vielleicht nicht auch das Gefühl hatte, noch nicht bereit zu sein. Das kann ich sehr gut nachempfinden. Erst nach dem Drängen seiner Mutter überwand Jesus sein menschliches Zögern und stellte sich seiner göttlichen Berufung.

Ich fühlte mich nicht bereit für die Ehe. Lora und ich waren nicht bereit, Kinder zu haben. Schließlich waren wir selbst noch Kinder. Und ganz bestimmt war ich nicht bereit, der Pastor der *National Community Church* zu werden. Sicher, ich hatte viel gelernt. Aber Erfah-

entweder an Annahmen festhalten, ⎫ *beides zusammen*
oder sich Gott öffnen ⎭ *geht nicht*

rung hatte ich keine, abgesehen von einem Praktikum im Sommer, in dem ich die Softballmannschaft der Männer trainiert hatte! Was ich sagen möchte, ist Folgendes: Sie werden nie bereit sein.

Persönliche Überzeugungen

Wenn ich auf meine eigene Wildgansjagd zurückblicke, sind die entscheidenden Augenblicke in meinem Leben jene, in denen meine Überzeugungen hinterfragt wurden und ich eine Entscheidung zu treffen hatte: entweder an meinen Annahmen festzuhalten oder mich Gott zu öffnen. Beides zusammen geht nicht!

Annahme: Es ist Irrsinn, ein Vollstipendium an einer angesehenen Universität aufzugeben.

Die Universität von Chicago bezahlte meine Ausbildung. Am Ende meines ersten Studienjahres spielte ich in der Basketballmannschaft. Und die Universität von Chicago belegte in diesem Jahr akademisch den Rang der drittbesten Universität im Land. Auf dem Papier war alles perfekt. Es lag kein Sinn darin, dieses Stipendium aufzugeben. Daher musste mich der Geist Gottes ziemlich drängen und stupsen. Doch schließlich gab ich meine akademischen und beruflichen Annahmen auf, wechselte zum *Central Bible College* und begann, mich auf meine Lebensberufung vorzubereiten.

Meine Zeit an der Universität von Chicago würde ich gegen nichts in der Welt eintauschen. Aber wenn ich nicht angefangen hätte, mein Denken zu hinterfragen, dann wäre ich nicht vorbereitet gewesen, mit sechsundzwanzig Jahren eine Gemeindegründungsarbeit zu beginnen. Wenn ich an der Universität von Chicago geblieben wäre, dann wäre meine Ausbildung für mich zum Käfig geworden.

Annahme: Kinos sollte man nur übergangsweise als Gemeinderäume mieten.

Ich begann die Gemeindegründungsarbeit mit der weitverbreiteten Einstellung: Man kommt vorübergehend in einem gemieteten Gebäude zusammen, bis man ein eigenes Kirchengebäude kaufen oder bauen kann. Dann eröffnete sich uns die Möglichkeit, unsere Gottesdienste in den Kinos an der *Union Station* abzuhalten. Jedes Wochenende genossen wir bequeme Sitze, große Leinwände und den Geruch von Popcorn. Warum ein Kirchengebäude bauen? Auf dem *Capitol Hill* sind die Grundstückspreise außerdem horrend. An einem bestimmten Punkt hörten wir auf, die Kinos nur als Übergangslösung zu sehen. Sie wurden Teil unserer langfristigen Strategie!

Unsere Vision, in Kinos an den Metrostationen im Großraum Washington D.C. zusammenzukommen, stellt die Überzeugung infrage, dass eine Gemeinde ein Kirchengebäude braucht, um zu wachsen. Mittlerweile wird diese Annahme im ganzen Land hinterfragt. Hunderte Gemeinden kommen in Kinos zusammen. Und ich träume von dem Tag, an dem sich in jedem Kino Amerikas eine Gemeinde trifft.

Bleiben Sie nicht im Käfig, nur weil es so »noch nie« gemacht wurde.

Annahme: Gemeinden bauen keine Cafés.

Irgendwie ist es abwegig, ein Café zu bauen, bevor man ein Kirchengebäude errichtet hat, oder? Warum haben wir es dann getan? Weil Jesus nicht nur in Synagogen anzutreffen war. Er hielt sich auch an Brunnen auf. Dort schöpfte man nicht nur Wasser; in den alten Kulturen waren sie Orte der Begegnung. Cafés sind die Brunnen der heutigen Zeit.

Wir als *NCC* wollen Gemeinde in einer Marktplatzumgebung leben. Das ist eines unserer wesentlichen Merkmale. Und mit dem Café haben wir uns einen »dritten Ort« geschaffen, um mit dem soziologischen Begriff zu sprechen, den Ray Oldenburg geprägt hat. Wir wünschten uns einen Treffpunkt außerhalb von Arbeitsstelle und Zuhause, wo Kirche und Gemeinschaft zusammengeführt werden konnten. Jeden Tag kommen zahlreiche Gäste zu uns. Und wir servieren nicht nur Kaffee; wir bringen ihnen Christus nahe. Viele von ihnen entscheiden sich dann auch tatsächlich bei einem unserer Café-Gottesdienste für Jesus.

Ich weiß nicht, welche Annahmen Sie hinterfragen sollten. Manchmal sind sie nicht so leicht zu erkennen. Aber viele von uns lassen sich durch ihre Unerfahrenheit, Unfähigkeit oder ihren Mangel an Wissen in den Käfig sperren. Wir fühlen uns unqualifiziert, weil wir etwas Bestimmtes nicht getan haben, nicht können oder nicht wissen.

> **Viele von uns lassen sich durch ihre Unerfahrenheit, Unfähigkeit oder ihren Mangel an Wissen in den Käfig sperren.**

Falls es ein Trost für Sie ist: Als wir mit dieser Arbeit begannen, hatte keiner unserer Mitarbeiter vorher schon einmal in einem Café gearbeitet. Verstehen Sie mich nicht falsch. Wir hatten uns gründlich darauf vorbereitet. Wir hatten einen Geschäftsplan erstellt. Und Christina Borja, unsere Geschäftsführerin, hatte sechs Monate bei Starbucks gearbeitet, um zu lernen, wie man so etwas macht. Aber wir waren absolut unerfahren und unwissend, als wir das Grundstück kauften und mit dem Bau des Gebäudes begannen. Ein Café zu betreiben, war eigentlich nicht unsere Sache. Doch wir ließen uns durch unsere Unerfahrenheit, Unfähigkeit oder unseren Mangel an Wissen nicht davon abhalten, wozu uns der Heilige Geist drängte.

+ HG

Wenn Sie sich mehr Abenteuer in Ihrem Leben wünschen, verlassen Sie den Käfig Ihrer Annahmen. Denken Sie nicht, Sie könnten das Geschäft nicht aufbauen, das Buch nicht schreiben, die Abhängigkeit nicht überwinden, den Job nicht bekommen oder Ihre Ehe nicht retten. Hören Sie auf, von Annahmen auszugehen, und fangen Sie an, zu glauben.

»Ich kann alles«

Ich habe den Eindruck, dass die Menschen, die Gott besonders gebraucht, Menschen sind, die nicht von vornherein von bestimmten Annahmen ausgehen. Josua dachte nicht, dass die Sonne nicht stillstehen kann. Elisa dachte nicht, dass ein eiserner Axtkopf nicht schwimmen kann. Maria dachte nicht, dass Jungfrauen nicht schwanger werden können. Petrus dachte nicht, dass er nicht auf dem Wasser laufen kann. Und Jesus dachte nicht, dass Tote nicht wieder zum Leben erweckt werden können.

Wenn wir unseren Glauben auf Christus setzen, geben wir dem Einen, der die Molekularstruktur des Wassers veränderte und sie in Wein verwandelte, Raum, neu zu definieren, was möglich ist und was nicht. Und das schafft eine tief greifende Veränderung, denn *ich vermag alles durch den, der mich mächtig macht* (Philipper 4,13).

Als ich in der achten Klasse war, kam ein Besuchsteam aus unserer Gemeinde zu uns nach Hause, um mit uns zu beten. Sie fragten, wer ein bestimmtes Anliegen habe, für das sie Gott bitten könnten. Seit meinem dritten Lebensjahr litt ich an Asthma. Ein halbes Dutzend Mal hatte ich wegen Komplikationen mit meiner Lunge im Krankenhaus gelegen. Wir fassten uns also an den Händen und beteten, dass Gott mein Asthma heilen möge.

> Wenn wir unseren Glauben auf Christus setzen, geben wir dem Einen, der die Molekularstruktur des Wassers veränderte und sie in Wein verwandelte, Raum, neu zu definieren, was möglich ist und was nicht.

Nun, ich leide immer noch an Asthma. Aber nach dem Besuch des Teams geschah etwas Bemerkenswertes, das ich nie vergessen werde. Als ich am folgenden Morgen aufwachte, waren alle Warzen an meinen Füßen verschwunden! Das ist mein Ernst. Mein erster Gedanke war, dass da bestimmt eine Verwechslung geschehen war. *Hat Gott das falsche Gebet erhört? Vielleicht kann ein anderer irgendwo jetzt toll atmen, hat aber Warzen an den Füßen.* Der Himmel schien da irgendetwas durcheinandergebracht zu haben. Ich hatte nicht bekommen, was ich bestellt hatte. Dies war der Augenblick, wo ich die unhörbare, doch unmissverständliche Stimme Gottes hörte: *Ich wollte dir nur zeigen, dass ich alles kann.*

Solche Wunder erlebe ich nicht ständig. Vermutlich erlebe ich nicht mehr Gebetserhörungen als Sie. Und ich höre die Stimme Gottes nicht so oft oder so deutlich, wie es mir lieb wäre. Aber nach einem Erlebnis wie diesem fällt es schwer zu zweifeln. Gott erhört unsere Gebete nicht immer, wie oder wann es uns lieb wäre. Aber ich lebe mit der unerschütterlichen Überzeugung: Gott kann alles.

Mein Bestes

In den vergangenen Monaten ließ mich ein Gedanke nicht los: *Ich möchte in meinem Leben nicht nur mein Bestes geben.* Offen gestanden, das Beste ist nicht gut genug.

Wenn ich das Gebet vernachlässige, ist mein Bestes tatsächlich das Beste, was ich tun kann. Dann lasse ich aber auch mein geistliches Potenzial verkümmern. Doch wenn ich bete, ist mein Bestes nicht mehr das Beste, das ich erreichen kann. Das Beste, das ich erreichen kann, ist das Beste, das *Gott* tun kann. Und er ist fähig, unermesslich mehr zu tun, als ich bitten oder mir vorstellen kann (vgl. Epheser 3,20). Durch das Gebet können wir unsere Annahmen überwinden und unserer zeitlichen und räumlichen Begrenzung entfliehen.

> Das Beste, das ich erreichen kann, ist das Beste, das *Gott* tun kann.

Wenn ich nie Geld spende, kann ich tatsächlich nicht mehr erreichen als mein Bestes. Ich klammere Gott aus meinen Finanzen aus. Aber wenn ich den Zehnten gebe, halte ich mich an die Zusagen Gottes (vgl. Maleachi 3,10). Und meiner Erfahrung nach kann Gott mit 90 Prozent mehr tun als ich mit 100 Prozent. Wenn wir den Zehnten geben, gehen wir nicht nur verantwortlich mit unseren Finanzen um; die Verwaltung unseres Geldes wird zu einem finanziellen Abenteuer.

Als Lora und ich heirateten, beschlossen wir, von allen unseren Einnahmen zehn Prozent zu geben, weil wir der Meinung sind, dass sie Gott gehören. Aber wissen Sie, das eigentliche Abenteuer begann, als wir uns angewöhnten, mehr als den Zehnten zu spenden.

Kurz nach unserem Umzug nach Washington D.C. gründete ich eine überkonfessionelle Organisation. Wir waren darauf angewiesen, in verschiedenen Gemeinden um finanzielle Unterstützung zu bitten, damit wir unseren Lebensunterhalt bestreiten konnten. So lebten wir von einer Spende zur nächsten, bis wir begannen, über unsere Möglichkeiten zu geben. Als wir etwa 50 Prozent unseres Budgets zusammenhatten, fühlte ich mich von Gott gedrängt, Geld an eine andere überkonfessionelle Arbeit in der Stadt zu spenden.

Nach menschlichen Maßstäben war das nicht nachvollziehbar. Wie kann man weggeben, was man gar nicht hat? Ich hätte es durchaus rechtfertigen können, nichts zu geben und abzuwarten, bis wir genug hatten, aber ich wusste, wenn ich dem Drängen nicht nachgab, würde ich niemals erleben, wohin uns der Geist Gottes führte. Ich erinnere mich noch genau, mit welchen zwiespältigen Gefühlen ich jenen Scheck über 350 Dollar ausstellte. Ich empfand Schmerz, gleichzeitig aber auch Freude. Es fiel mir schwer, diesen Scheck zu schreiben, aber ich wusste ganz genau, dass Gott unseren Glauben belohnen würde. Ich klebte den Umschlag zu, ging zur Post neben meinem Büro und warf ihn in den Briefkasten. Dann holte ich meine Post aus dem Schließfach. Darin fand ich einen Scheck über zehntausend Dollar.

Manchmal erkennen wir nicht, dass es eine Verbindung zwischen unserem Glauben und Gottes Treue gibt. Doch wenn – wie bei mir – nur sechzig Sekunden zwischen einer Spende und Gottes Segen liegen, ist es fast unmöglich, diesen Zusammenhang zu übersehen. Wenn Sie über Ihre Möglichkeiten geben, wird Gott Sie über Ihre Möglichkeiten segnen. Verstehen Sie mich nicht falsch. Gott ist kein Automat. Wenn Sie aus den falschen Motiven heraus geben, wird Gott das nicht belohnen. Aber wenn Ihre Motive richtig sind, dann gilt: *Denn eben mit dem Maß, mit dem ihr messt, wird man euch wieder messen* (Lukas 6,38).

Wir können Gott niemals zu viel geben. Und wir bekommen es nicht nur zurück; wir werden *mehr* zurückbekommen, als wir aufgegeben haben. Unser Bestes ist nicht mehr das Beste, was wir tun können; unser Bestes ist das Beste, was *Gott* tun kann. Und Gott kann wie durch ein Wunder innerhalb von sechzig Sekunden eine Rendite von 2757 Prozent schenken.

Abraham war übrigens die erste Person in der Bibel, die den Zehnten gegeben hat (vgl. 1. Mose 14,17-24). Die Art, wie er sein ganzes Leben gestaltete, spiegelte sich auch in seinem Umgang mit Geld wider: Er tat alles aus Glauben.

> Die Art, wie er sein ganzes Leben gestaltete, spiegelte sich auch in seinem Umgang mit Geld wider: Er tat alles aus Glauben.

Lassen Sie sich nicht durch Geldgier oder Furcht in den Käfig sperren. Großzügigkeit ist viel zu schön und aufregend. Viele von uns werden von ihrem Geiz im Käfig gehalten. Wir gehen von der Annahme aus, dass wir, wenn wir viel geben, weniger haben. Dieses Denken entspricht nicht dem, was wir in der Bibel lesen können.

Den Zehnten zu geben ist ein Zeichen von Vertrauen. Und wenn Sie Gott in finanziellen Angelegenheiten Priorität einräumen, dann leben Sie mit geheiligten Erwartungen. Voller Spannung dürfen Sie darauf warten, wie der Geist Gottes Sie beschenken wird.

Wer zuletzt lacht

Ich wünschte, ich könnte Ihnen versichern, dass Gott seine Zusagen immer innerhalb von sechzig Sekunden einlöst. Manchmal erleben wir das, aber häufiger leider nicht.

Gott rief Abraham aus Ur, als er 75 Jahre alt war. Bei Isaaks Geburt war Abraham bereits 100 Jahre alt. Gott löste sein Versprechen ein, aber erst nach 25 Jahren. Das sind 300 Monate, 1300 Wochen oder 9125 Tage!

Und der Herr suchte Sara heim, wie er gesagt hatte, und tat an ihr, wie er geredet hatte. Und Sara ward schwanger und gebar dem Abraham in seinem Alter einen Sohn um die Zeit, von der Gott zu ihm geredet hatte. Und Abraham nannte seinen Sohn, der ihm geboren war, Isaak, den ihm Sara gebar, und beschnitt ihn am achten Tage, wie ihm Gott geboten hatte. Hundert Jahre war Abraham alt, als ihm sein Sohn Isaak geboren wurde. Und Sara sprach: Gott hat mir ein Lachen zugerichtet; denn wer es hören wird, der wird über mich lachen. Und sie sprach: Wer hätte wohl von Abraham gesagt, dass Sara Kinder stille! Und doch habe ich ihm einen Sohn geboren in seinem Alter (1. Mose 21,1-7).

Die fünfundzwanzig Jahre, die Abraham und Sara auf die Erfüllung von Gottes Versprechen warten mussten, sind ihnen bestimmt wie eine Ewigkeit erschienen. Sicherlich waren sie in dieser Zeit geistlich verwirrt und emotional erschöpft. In jener Kultur galt Kinderlosigkeit als Fluch. Sara musste mit diesem sozialen Stigma leben. Vermutlich wurde sie von einer tiefen Traurigkeit ergriffen, wann immer sie in die Nähe von Kindern kam. Kinderlachen trieb ihr die Tränen in die Augen, weil es eine Erinnerung an ihre unerfüllten Wünsche war.

Ich frage mich, ob Abraham und Sara im Laufe der Jahre ihr Lachen verloren haben. Wenn man von einer tiefen Traurigkeit erfüllt ist, die nicht verschwindet, fällt das Lachen schwer. Und darum kommt Isaaks Name eine so große Bedeutung zu. Isaak heißt »Lachen«. Wissen Sie, früher dachte ich immer, dieser Name sei eine Strafe, weil Sara Gott ausgelacht hatte, als sie hörte, sie würde ein Baby bekommen (vgl. 1. Mose 18,18), aber mittlerweile habe ich meine Meinung geändert.

Das Lachen eines Kindes ist unbezahlbar. Nichts erfüllt mich mit größerer Freude, als meine Kinder lachen zu hören. Gott geht es genauso. Er freut sich, wenn wir lachen. Durch Isaak hat Gott Abraham und Sara ihr Lachen zurückgegeben. Er ist der Gott, der das Lachen erfunden hat.

Isaaks Name zeigt einen Aspekt von Gottes Wesen. Als Sara Gott auslachte, sagte dieser: *Sollte dem Herrn etwas unmöglich sein?* (1. Mose 18,14). Ich frage mich, ob Gott vielleicht bewusst fünfundzwanzig Jahre wartete, bis es nach menschlichen Maßstäben undenkbar war, dass Sara noch ein Baby bekam. Und dann überwand er die Begrenzungen und zeigte wieder einmal, dass für ihn nichts unmöglich ist. Durch Isaak sagte Gott: »Ich lache zuletzt.«

Terra incognita

Gottes Segen für Abraham erschöpft sich nicht in einem Sohn. Abraham wurde der Vater eines ganzen Volkes. Und aus diesem Volk ging der Erlöser der Welt hervor. Aber wie bei jeder Wildgansjagd begann alles mit einem kleinen Glaubensschritt. *Durch den Glauben wurde Abraham gehorsam, als er berufen wurde, in ein Land zu ziehen, das er erben sollte; und er zog aus und wusste nicht, wo er hinkäme* (Hebräer 11,8).

Abraham ist für uns ein Vorbild, weil er offen war für das Wirken des Geistes Gottes. Er hatte keine Ahnung, wohin er unterwegs war, aber er ließ sich nicht im Käfig einsperren. Durch den Glauben wagte er sich ins unbekannte Land vor. Er ließ seine Familie, sein Heim und seine Annahmen zurück.

Vor der *Union Station* in Washington D.C. steht eine große Statue zu Ehren von Christopher Kolumbus. Das Schild am Sockel hat folgende Inschrift: »Zur Erinnerung an Christopher Kolumbus, dessen großer Glaube und unbezwingbarer Mut den Menschen eine neue Welt schenkte.«

> **Wie bei jeder Wildgansjagd begann alles mit einem kleinen Glaubensschritt.**

An den Rand der mittelalterlichen Karten schrieben die Kartografen früher die lateinischen Worte *terra incognita*. Schwarzseher und Pessimisten waren davon überzeugt, dass man, wenn man sich zu weit in unbekanntes Gebiet vorwagte, entweder vom Rand der Erdscheibe fallen oder zweiköpfigen Drachen begegnen würde. Doch das hielt einige mutige Männer nicht davon ab, in unbekannte Gewässer vorzustoßen.

Kolumbus wollte eigentlich eine westliche Route nach Indien finden, die es nach Meinung der Experten nicht gab. Er stellte diese Annahme jedoch infrage und machte sich auf den Weg. Er war kein Heiliger. In seinem Tagebuch schrieb er: »Ich bin ein höchst unwürdiger Sünder.« Aber Kolumbus bekannte auch, dass nicht Intelligenz, Mathematik oder Seekarten seine Reise zum Erfolg führten, sondern der Heilige Geist. »Es war der Herr, der mir die Idee gegeben hat (ich spürte seine Hand auf mir), dass es möglich sei, von hier nach Indien zu segeln. Alle, die von meinem Projekt hörten, verwarfen es lachend, verspotteten mich. Es besteht kein Zweifel daran, dass dieser Einfall vom Heiligen Geist kam, denn er tröstete mich mit Strahlen wundervoller Inspiration aus der Heiligen Schrift.«[16]

Was mich an Kolumbus' Reise besonders beeindruckt, ist die Tatsache, dass nicht ein einziges Crewmitglied sich bis dahin mehr als 500 Kilometer von der Küste entfernt hatte! Um mit den Worten André Gides zu sprechen: »Man entdeckt keine neuen Kontinente ohne die Bereitschaft, das Ufer für lange Zeit aus den Augen zu verlieren.« Der Geist Gottes ruft uns immer in unbekanntes Land. Dort ist das Abenteuer zu finden. Aber Sie müssen aus dem Käfig Ihrer Annahmen ausbrechen. Sie müssen bereit sein, an einen Ort zu gehen, wo Sie noch nie gewesen sind, oder etwas zu tun, das Sie noch nie getan haben. Wenn Sie im Glauben bereit sind, den ersten Schritt zu gehen, wird Gott das letzte Wort haben.

Ihre Jagd

❀ Wann sind Sie in der Vergangenheit von einer falschen Annahme in Bezug auf Gott oder seinen Willen für Ihr Leben ausgegangen? Wie haben Sie Ihren Irrtum erkannt?

❀ Welche Annahmen, Meinungen oder Überzeugungen könnten Gott im Augenblick in Ihrem Leben klein machen? Wie können Sie diese Annahmen hinterfragen?

❀ Vor welchen Risiken laufen Sie davon, wenn Sie sich an Ihre Annahmen klammern?

❀ Was würde es bedeuten, wenn die Fantasie die Erinnerung in Ihrem Leben überholen würde?

❀ Haben Sie in einem bestimmten Bereich in Ihrem Leben Ihr Lachen verloren? Warum? Und wie können Sie es Ihrer Meinung nach wieder zurückbekommen?

Kapitel 5

Das Krähen des Hahns

Aus dem Käfig der Schuld ausbrechen

---

*Deine schlimmsten Tage sind niemals so schlimm, dass du dich
außerhalb der Reichweite seiner Gnade befindest. Und deine
besten Tage sind niemals so gut, dass du Gottes Gnade nicht mehr
brauchtest. Jeder Tag sollte ein Tag in der Abhängigkeit von Gott
sein, auf der Basis seiner Gnade allein.*

JERRY BRIDGES

Um die Jahrhundertwende zum zwanzigsten Jahrhundert führte
ein russischer Psychologe und Arzt mit Namen Iwan Pawlow einige bahnbrechende Experimente durch, für die er mit dem Nobelpreis ausgezeichnet wurde. Normalerweise sondern Hunde Speichel
ab, wenn sie Futter sehen. Pawlow wollte herausfinden, ob die Speichelbildung auch durch einen anderen Reiz ausgelöst werden könnte.
Wie Sie vielleicht aus dem Schulunterricht wissen, konditionierte
Pawlow die Hunde, indem er eine Glocke läutete, bevor sie ihr Futter
bekamen. Und schließlich regte allein der Glockenton die Tiere zur
Speichelbildung an. Pawlow nannte diesen gelernten Zusammenhang
einen *konditionierten Reflex.*

Bis zu einem gewissen Grad verhalten wir uns wie Pawlows Versuchstiere. Bewusst oder unbewusst wurden wir unser ganzes Leben
lang konditioniert. Unser Verhalten wird zum großen Teil von diesen
konditionierten Reflexen bestimmt.

Wenn ich den Tank meines Autos aufgefüllt habe, blicke ich instinktiv in den Seitenspiegel, bevor ich losfahre. Warum? Vor einigen Jahren riss ich einen Schlauch aus einer Zapfsäule. Ich wunderte mich darüber, dass die anderen Kunden uns nachstarrten, als wir von der Tankstelle fuhren. Dann hörten wir ein seltsames Scheppern hinter uns, das lauter wurde, je schneller wir fuhren. Der Benzinschlauch schleifte hinter uns her. Es war wohl einer der peinlichsten Momente meines Lebens, dieses Missgeschick dem Tankstellenangestellten zu beichten. Und obwohl ich seit diesem Zwischenfall meinen Tank unzählige Male wieder gefüllt habe, quält mich im Unterbewusstsein die Angst, ich könnte wieder vergessen haben, den Schlauch aus dem Tank zu nehmen. Ich bin sozusagen darauf konditioniert, in den Seitenspiegel zu blicken, bevor ich losfahre.

Im Laufe unseres Lebens erwerben wir uns eine stattliche Anzahl konditionierter Reflexe. Einige davon sind unbedeutende Eigenarten wie ein nervöses Lachen oder ein verkrampftes Lächeln. Andere wachsen sich zu Persönlichkeitsmerkmalen aus. Wenn jemand sehr kritisch ist, lässt sich das häufig auf Unsicherheit zurückführen. Wir kritisieren an anderen, was uns an uns nicht gefällt. Einige konditionierte Reflexe sind natürlich und normal, wie zum Beispiel das Erröten. Andere sind zerstörerisch, wie das Trinken von Alkohol, um den eigenen Schmerz zu betäuben. Aber ob nun groß oder klein, bewusst oder unbewusst, harmlos oder schädlich, eines ist sicher: Wir sind viel konditionierter, als uns bewusst ist. Und zum geistlichen Wachstum gehört, dass wir unsere Konditionierung erkennen und zulassen, dass Gott die Reflexe, die verändert werden müssen, neu konditioniert.

> Zum geistlichen Wachstum gehört, dass wir unsere Konditionierung erkennen und zulassen, dass Gott die Reflexe, die verändert werden müssen, neu konditioniert.

Wenn wir sündigen, sind Schuldgefühle eine gesunde und heilige Reaktion. Gott sei Dank, dass der Heilige Geist uns von unserer Sünde überführt und uns zur Buße leitet. Aber einige konditionierte Reflexe sind wie psychologische Zwangsjacken, die uns emotional, in unseren Beziehungen und geistlich lähmen. Zum Beispiel falsche Schuldgefühle.

falsche Schuldgefühle über bekannte Sünde

In dem Augenblick, da wir Gott unsere Sünde bekennen, ist sie vergeben und vergessen (vgl. Hebräer 8,12). Doch für die meisten ist es einfacher, Gottes Vergebung anzunehmen, als sich selbst zu vergeben. Warum ist das so? Weil wir zwar vergeben, anders als Gott aber nicht vergessen können. Wenn wir nicht zulassen, dass die Gnade Gottes unsere sündigen Erinnerungen durchdringt und reinigt, dann werden wir auch weiterhin falsche Schuldgefühle empfinden über bekannte Sünde. Wir sind dann so fixiert auf Fehler der Vergangenheit, dass wir uns um Chancen bringen, die sich uns bieten. Wir leben in dem falschen Glauben, unsere Fehler würden uns disqualifizieren und Gott würde uns nicht mehr gebrauchen wollen. Und unsere Schuldgefühle werden zu einem Käfig, der uns daran hindert, dem Geist Gottes zu folgen.

Ob Sie nun tatsächliche oder falsche Schuldgefühle als Nebenprodukt bekannter Sünde empfinden: Beide Formen von Schuldgefühle lähmen Ihren geistlichen Abenteuersinn. Und Sie werden dem Geist Gottes nicht nachjagen können, wenn Sie Ihre Schuldgefühle nicht überwinden. Die gute Nachricht ist, dass Christus uns durch das, was er am Kreuz für uns getan hat, Vergebung und Freiheit zugesprochen hat. Wenn Sie seine Gnade annehmen, werden nicht nur Ihre geistlichen Reflexe neu konditioniert; Ihr Leben wird verändert werden.

Sehen wir uns Petrus an.

Der Stachel der Schuld

Vor dem Hintergrund von Pawlows Experiment die Bibel zu lesen, ist eine interessante Übung. Und vor allem Petrus bietet sich als faszinierende Fallstudie an.

Sie ergriffen ihn aber und führten ihn ab und brachten ihn in das Haus des Hohen Priesters. Petrus aber folgte von ferne. Da zündeten sie ein Feuer an mitten im Hof und setzten sich zusammen; und Petrus setzte sich mitten unter sie. Da sah ihn eine Magd am Feuer sitzen und sah ihn genau an und sprach: Dieser war auch mit ihm. Er aber leugnete und sprach: Frau, ich kenne ihn nicht. Und nach einer kleinen Weile sah ihn ein anderer und sprach: Du bist auch einer von denen. Petrus aber sprach: Mensch, ich bin's nicht. Und nach einer Weile, etwa nach einer Stunde, bekräftigte es ein anderer und sprach: Wahrhaftig, dieser war auch mit ihm; denn er ist ein Galiläer. Petrus aber sprach: Mensch, ich weiß nicht, was du sagst. Und alsbald, während er noch redete, krähte der Hahn. Und der Herr wandte sich und sah Petrus an. Und Petrus gedachte an des Herrn Wort, wie er zu ihm gesagt hatte: Ehe heute der Hahn kräht, wirst du mich dreimal verleugnen. Und Petrus ging hinaus und weinte bitterlich (Lukas 22,54-62).

Ich habe die Geschichte von Petrus' Verleugnung im Laufe der Jahre unzählige Male gelesen, aber erst vor einiger Zeit kam mir der pawlowsche Gedanke: *Ob Petrus wohl Schuldgefühle hatte, wann immer er einen Hahn krähen hörte?*

Ist Ihnen schon einmal aufgefallen, dass unterschiedliche Reize verschiedene Emotionen auslösen? Ein scheinbar unbedeutender Anblick, ein Geräusch oder ein Geruch kann eine Flut von Erinnerungen heraufbeschwören. Wann immer ich das Lied *You Got It* im Radio höre (was jetzt nicht mehr so häufig vorkommt), erinnere ich mich an eine meiner ersten Verabredungen mit Lora. Wir fuhren auf dem *Lakeshore Drive* in nördlicher Richtung

> Ob Petrus wohl Schuldgefühle hatte, wann immer er einen Hahn krähen hörte?

von der Universität in die Innenstadt von Chicago, als wir das Lied zum ersten Mal hörten. Wenn ich Flieder rieche, fühle ich mich durch Zeit und Raum in den Garten meiner Großmutter in Friley, Minnesota, zurückversetzt.

Ich frage mich, ob das Krähen eines Hahnes eine solche Wirkung bei Petrus hatte. Er hatte Jesus enttäuscht, als dieser ihn am dringendsten gebraucht hätte. Deshalb denke ich, dass dieses Geräusch etwas in seiner Hörrinde auslöste – einen pawlowschen Effekt. Wann immer ein Hahn krähte, steckte Petrus sofort wieder in seinem Käfig der Schuldgefühle.

Ich glaube, dass diese Geschichte aus der Bibel für Städter nicht so leicht nachvollziehbar ist. Ich lebe im Zentrum und werde von den Geräuschen der Stadt geweckt – Müllautos, Autoalarmanlagen und Polizeisirenen. Meines Wissens geht die Hahnpopulation in Washington D.C. gegen null. Aber wenn Sie einmal ein Land der Dritten Welt besucht haben, dann wissen Sie, dass die Hähne dort noch immer etwas zu sagen haben.

Ich werde nie vergessen, wie ich auf der Insel Isabella auf den Galapagosinseln aus dem Schlaf gerissen wurde. Es war, als würde ein Hahnenchor krähen. Es gab dort mehr Hähne als Menschen! Konnten sie mit ihrem Krähen denn nicht warten, bis die Sonne aufgegangen war? Nicht diese Hähne. Keine inneren Uhren. Und es gab keinen Knopf zum Abstellen! Regelmäßig wurde ich mitten in der Nacht rüde geweckt.

Stellen Sie sich vor, wie es für Petrus gewesen sein muss, jeden Morgen vom Krähen des Hahnes geweckt zu werden. Was für ein Beginn des neuen Tages! Eine tägliche Erinnerung an sein größtes Versagen.

In der Bibel heißt es, dass Satan umhergeht »wie ein brüllender Löwe« (1. Petrus 5,8). Ich glaube außerdem, dass er kräht wie ein Hahn. Er klagt die Brüder an (vgl. Offenbarung 12,10) und seit dem Garten Eden hat er seine Taktik nicht verändert. Nach wie vor will er uns an unsere größten Fehler erinnern, immer wieder. Warum? Weil Sie, wenn Sie alle Energie auf Ihr Versagen in der Vergangenheit konzentrieren, keine Energie mehr übrig haben für Gott. Satan möchte Sie zu einem Reaktionär machen. Jesus ist gekommen, um Ihre geistlichen Reflexe durch seine Gnade neu zu konditionieren. Und wenn Sie durch seine Gnade neu konditioniert worden sind, dann werden Sie ein Revolutionär werden für ihn.

> In der Bibel heißt es, dass Satan umhergeht »wie ein brüllender Löwe«. Ich glaube außerdem, dass er kräht wie ein Hahn.

Satan → brüllt → erinnert → Schuldgefühle auf Vergangenes
↳ wir: Reaktionäre (keine Energie für Gott)

Jesus → konditioniert geistl. Reflexe durch Gnade neu
↳ Revolutionär für JC

98

Der erste unter den Sündern

Vor einigen Jahren kam ein enger Freund von mir wegen einiger Verbrechen, die er begangen hatte, ins Gefängnis. Das Leben dort blieb nicht ohne Auswirkungen auf ihn. Er saß knapp sieben Jahre seiner Strafe ab, aber in dieser Zeit ist er bestimmt um vierzehn Jahre gealtert. Ein Gefängnisaufenthalt hatte ganz sicher nicht zu seiner Lebensplanung gehört. Und es war eine lange und einsame Zeit. Aber diese Jahre im Gefängnis wurden für ihn zu einer Art Wildgansjagd.

Während seiner Haftstrafe schrieben wir uns alle paar Monate einen Brief und gelegentlich telefonierten wir auch miteinander. Was mich besonders beeindruckte, war die Tatsache, dass er nicht in Selbstmitleid verfiel. Er gab nicht Gott die Schuld für die Fehler, die er gemacht hatte. Und obwohl er im Gefängnis saß, war sein Geist frei durch die Gnade Gottes. Mein Freund besaß den Mut, diese Zeit zu nutzen und sie als etwas Positives zu sehen. Er machte sein Abitur nach. Er leitete Gottesdienste in der Gefängniskapelle. Und er nahm unzählige Gelegenheiten wahr, um mit seinen Mithäftlingen über seinen Glauben zu sprechen.

Mein Freund hätte sein Herz verhärten und für den Rest seines Lebens in einem Käfig der Schuld gefangen bleiben können. Er hätte unendliches Bedauern und große Reue über seine Fehler empfinden können. Doch ich kenne kaum einen Menschen, der größere Wertschätzung für die Gnade Gottes empfindet. Die Gnade Gottes hat meinem Freund geholfen, sich ein weiches Herz und einen optimistischen Blick in die Zukunft zu bewahren.

> Unwillkürlich frage ich mich, ob die Höhen der Gnade nur erreichen kann, wer die Tiefen der Schuld durchlebt hat.

Diese Geschichte erinnert mich an den Apostel Paulus. Keiner hat wortgewandter über die Gnade Gottes geschrieben. Aus einem einfachen Grund: Paulus sagt selbst von sich, dass er der erste unter den Sündern sei (vgl. 1. Timotheus 1,15). Unwillkürlich frage ich mich, ob die Höhen der Gnade nur erreichen kann, wer die Tiefen der Schuld durchlebt hat.

C.S. Lewis drückte es folgendermaßen aus: »Wenn ein Mensch besser wird, erkennt er immer deutlicher, wie viel Böses noch in ihm steckt. Wenn ein Mensch schlechter wird, erkennt er seine eigene Schlechtigkeit immer weniger.« Wenn wir das begreifen, dann bessern wir uns zum Guten. Wenn nicht, bleibt alles beim Alten.

Ich fürchte, unser therapeutischer Ansatz, an den Glauben heranzugehen, bringt uns manchmal dazu, unsere eigene Sündhaftigkeit herunterzuspielen im menschlichen Bemühen, ein besseres Gefühl in Bezug auf uns selbst zu haben. Aber das schaltet unser Verständnis und unsere Wertschätzung der Gnade Gottes aus. Wir können das ganze Ausmaß der Gnade Gottes erst begreifen, wenn wir das ganze Ausmaß unserer Sünde erkennen. Dann, und nur dann, können wir voller Leidenschaft dem Geist Gottes und seinem Willen für uns nachjagen.

agieren leichter als reagieren

Wie ein Christ reagieren

Nach meiner Erfahrung ist es viel leichter, wie ein Christ zu *agieren*, als wie ein Christ zu *reagieren*. Die meisten von uns sind recht gute Schauspieler – wir beherrschen unsere Rolle. Aber unsere Reaktionen zeigen, wer wir tatsächlich sind. Und vielleicht konzentriert sich Jesus deshalb in großen Teilen seiner Lehre darauf, unsere Reflexe neu zu konditionieren.

> *Betet für die, die euch verfolgen.*
> *Liebt eure Feinde.*
> *Segnet die, die euch verfluchen.*
> *Wenn jemand dich zwingt, eine Meile mit ihm zu gehen, gehe zwei mit ihm.*
> *Wenn jemand dich auf die rechte Wange schlägt, halte ihm auch die andere noch hin* (vgl. Matthäus 5,39.41.44; Lukas 6,27-28).

Welches ist Ihre natürliche Reaktion, wenn Sie geschlagen werden? Sie würden am liebsten zurückschlagen, oder? Aber die übernatürliche Reaktion läuft sowohl der Intuition als auch der natürlichen Reaktion zuwider. Jesus lehrte, auch die andere Wange hinzuhalten. Betrachten wir es als geistliches Aikido. Wir nehmen die sündige

Energie anderer auf und wandeln sie in eine rechtschaffene Reaktion um. Auf diese Weise verursacht Verfolgung Gebet. Hass inspiriert Liebe. Und wir wandeln Fluch in Segen um (vgl. 1. Petrus 3,9).

Gibt es eine Person in Ihrem Leben, die Sie zur Weißglut bringt? Wenn Sie in ihrer Nähe sind, reagieren Sie auf eine Weise, die Sie später bedauern. Vielleicht ist es aber auch jemand, der Ihnen auf die Nerven oder unter die Haut geht. Ich rate Ihnen Folgendes: Beten Sie für die betreffende Person! Nichts konditioniert unsere geistlichen Reflexe so wie das Gebet. Fangen Sie an, für die schwierigen Menschen in Ihrem Leben zu beten, und Ihre Einstellung zu ihnen wird sich verändern.

Haben Sie sich schon einmal gefragt, wie Jesus Petrus nach seiner Verleugnung vergeben konnte? Wir nehmen an, dass Jesus ihm vergeben konnte, weil er der Sohn Gottes ist. Aber wenn wir mal ehrlich sind: Sein bester Freund enttäuschte ihn zu einem Zeitpunkt, wo es ihm sehr schlecht ging. Wenn Sie Jesus wären, wären Sie dann nicht versucht, noch ein wenig Groll gegen ihn zu hegen, den Sie ihn hin und wieder spüren lassen? Doch wie reagierte Jesus? Wie konnte er so frei und umfassend vergeben? Ich glaube, die Antwort ist erstaunlich einfach: Jesus betete für Petrus. *Simon, Simon, siehe, der Satan hat begehrt, euch zu sieben wie den Weizen. Ich aber habe für dich gebeten, dass dein Glaube nicht aufhöre* (Lukas 22,31-32).

> Wenn Sie Jesus wären, wären Sie dann nicht versucht, noch ein wenig Groll gegen ihn zu hegen, den Sie ihn hin und wieder spüren lassen?

Wenn Sie beten, dass Sie anderen vergeben können, dann werden Sie den Betreffenden gegenüber nicht nur anders empfinden; sie bleiben auch auf dem Weg des geistlichen Abenteuers.

Als unsere Gemeinde das Anwesen auf dem *Capitol Hill* kaufte, wo jetzt unser Café steht, war das ein großes Risiko. Wenn unsere Bemühungen, in einem Wohngebiet eine Baugenehmigung für ein kommerzielles Objekt zu bekommen, fehlgeschlagen wären, dann hätten wir nicht bauen dürfen. Aber wir hatten sehr viel Unterstützung vonseiten der Stadt, da wir eine Ruine zu einem Café machen wollten. Doch nachdem der Antrag auf Umnutzung gestellt war, erfuhren wir, dass einflussreiche Nachbarn gegen diesen Antrag Einspruch eingelegt hatten, weil sie falsche Informationen über unser Vorhaben bekommen hatten. Ich fand im Internet einen Link zu einer Website, auf der Unglaubliches über die *NCC* verbreitet wurde. Ganz ehrlich, ich war außer mir. Der Widerstand der Nachbarn brachte unseren Traum, ein Café zu bauen, in Gefahr, und je mehr ich darüber nachdachte, desto größer wurde mein Zorn. Aber irgendwie schenkte Gott mir die Gnade zu beten, wann immer ich mich über diese Angelegenheit aufregte. So nah war ich noch nie dran, ohne Unterlass zu beten!

Ich bin Gott sehr dankbar für das »Druckventil«, das wir durch das Gebet haben. Ich weiß nicht, was ich getan hätte, wenn mein Zorn sich nicht darüber hätte entladen können. Ich begann, für die Menschen zu beten, die sich uns in den Weg stellten, und ich werde nie vergessen, mit welchem Gefühl ich einige Monate später zur Anhörung ging, bei der über unseren Umnutzungsantrag entschieden wurde. Ich empfand keinerlei Feindschaft mehr gegenüber unseren Gegnern. Überhaupt keine. Ich konnte ihnen herzlich zulächeln und sie freundlich begrüßen, weil die Gnade Gottes meine Reflexe neu konditioniert hatte. Ich empfand sogar ein unerklärliches Mitgefühl für diese Menschen.

Und sie gaben den Widerstand auf. Nur drei Personen kamen zur Anhörung, um ihren Einspruch geltend zu machen, während sich mehrere Hundert Unterstützer unseres Projekts im Saal drängten. Und unserem Antrag wurde einstimmig stattgegeben. Übrigens ist einer der früheren Gegner unseres Projektes jetzt regelmäßiger Gast im *Ebenezer*.

> Ich stellte fest, dass die Angriffe des Feindes sich letztlich gegen ihn selbst wenden, wenn wir mit Gebet auf sie reagieren.

Diese Zeit war emotional und geistlich gesehen sehr anstrengend für mich. Aber im Rückblick danke ich Gott für den Widerstand, gegen den wir kämpfen mussten. Er festigte unsere Entschlossenheit. Er einte uns als Kirche. Und ich stellte fest, dass die Angriffe des Feindes sich letztlich gegen ihn selbst wenden, wenn wir mit Gebet auf sie reagieren.

Darum danke ich Gott für Widerstand. Er zwingt uns zu beten, als hinge alles von Gott ab, was ja auch tatsächlich so ist. Gleichzeitig werden dabei unsere Reflexe neu eingestellt.

Augenblicke der Schwachheit

Mein Großvater starb, als ich sechs Jahre alt war. Er hat mein Leben sehr stark geprägt und mir gezeigt, was Gnade ist. Er besaß eine Sammlung seltener Fossilien, die sehr wertvoll waren. Bei unseren Besuchen war es mir strengstens verboten, die Fossilien zu berühren. Ich kann sie mit dem Baum der Erkenntnis von Gut und Böse vergleichen. Und ich war Adam. Eines Tages konnte ich der Versuchung nicht widerstehen, eines der Fossilien herauszunehmen. Nie werde ich vergessen, was für ein Gefühl es war, als es mir plötzlich aus den Händen rutschte. Es zerbrach in tausend Scherben, als es auf dem Boden aufschlug. Und mein vierjähriges Herz gleich mit. Noch mehrere Jahrzehnte später empfinde ich die intensiven Gefühle von damals.

Ich wusste, dass das, was ich getan hatte, falsch war. Und ich rechnete damit, bestraft zu werden. Darum war ich vollkommen verblüfft über die freundliche Reaktion meines Großvaters. Er kam ins Zimmer, erfasste die Situation mit einem Blick und nahm mich sofort auf den Arm und drückte mich an sich. Er schimpfte nicht. Er wies mich nicht auf mein Unrecht hin. Er hielt mich einfach nur fest. Das war die freundlichste Umarmung, die ich je erlebt habe, und auch ohne dass er etwas sagte, hörte ich laut und deutlich die Worte: »Mark, du bist mir viel wertvoller als meine Fossiliensammlung.«

Wenn Sie Einfluss auf Menschen ausüben wollen, müssen Sie ihnen Liebe zeigen, wenn sie es am wenigsten erwarten und verdienen.

Wenn Sie Einfluss auf Menschen ausüben wollen, müssen Sie ihnen Liebe zeigen, wenn sie es am wenigsten erwarten und verdienen. Das Versagen eines Menschen ist *die* Gelegenheit, sein Leben nachhaltig zu prägen. Sie denken vielleicht: *Das hat er nicht verdient.* Aber das ist es doch gerade, oder? Haben *Sie* denn die Gnade Gottes verdient?

Ganz gewiss will ich nicht sagen, dass wir unser Urteilsvermögen ausschalten sollen. Und manchmal ist Strafe wichtig. Aber ich frage mich, ob wir Angst haben, Menschen Liebe zu zeigen, wenn sie es nicht verdient haben, weil unser Verhalten als stumme Billigung ihres Handelns gewertet werden könnte. Bei Gott ist das anders. Er läuft zur Höchstform auf, wenn wir ganz unten sind. *Gott aber erweist seine Liebe zu uns darin, dass Christus für uns gestorben ist, als wir noch Sünder waren* (Römer 5,8).

Wissen Sie, wann ich mich als Ehemann und Vater als Versager fühle? Wenn ich reagiere. Reflexartig sage oder tue ich etwas, das ich später bedauere. Die beeindruckendste Eigenschaft unseres himmlischen Vaters ist meiner Meinung nach die Geduld. Wie schafft er das nur? Gott reagiert immer seinem Wesen entsprechend. So weit bin ich noch nicht.

Wenn alles super läuft, fällt es uns nicht schwer, Menschen zu lieben. Das Ehegelübde in den »guten Tagen« zu erfüllen, ist kein Problem. Was uns zu schaffen macht, sind die »schlechten Tage«. Wenn Lora gut drauf ist, dann bin ich dabei. Aber wenn es ihr schlecht geht (hypothetisch natürlich), dann kommt das Schlechte in mir zum Vorschein. Warum? Weil wir reagieren. Bei solchen Gelegenheiten fühle ich mich als Ehemann, Vater und Führungspersönlichkeit als Versager. Ich verliere die Fassung oder die Geduld. Und ich sage oder tue etwas, das ich später bedauere. Gott reagiert niemals auf eine Weise, die seinem Wesen widerspricht. Erstaunlich, nicht? Von allen Eigenschaften unseres himmlischen Vaters habe ich die größte Hochachtung vor seiner Geduld. Gottes Liebe ist proaktiv. Er wartet nicht darauf, dass wir uns zusammenreißen. Er macht immer den ersten Schritt. Und wir sind aufgefordert, seinem Beispiel zu folgen.

> Gottes Liebe ist proaktiv. Er wartet nicht darauf, dass wir uns zusammenreißen. Er macht immer den ersten Schritt.

Vor einigen Jahren forderte ich meine Gemeindemitglieder heraus, einen Menschen zu lieben, der es weder erwartete noch verdiente. Folgende E-Mail bekam ich von jemandem, der diese Herausforderung angenommen hatte:

Im Augenblick sitze ich im Flugzeug, um mich mit einem Mann zu treffen, den ich seit zwanzig Jahren nicht mehr gesehen habe. Dieser Mann ist mein Vater. Eine deiner Predigten hat den Prozess in Gang gesetzt, der mich an diesen Punkt geführt hat. Mir wurde deutlich, dass meine größte Angst in meinem Leben ist, verlassen zu werden. Diese Angst prägte meine Einstellung zur Welt. Schon immer fürchtete ich unterschwellig, dass ich, wenn ich jemandem meine Liebe schenkte, zurückgewiesen würde und verlassen werden könnte. Diese Einstellung zerstörte jede bedeutungsvolle Beziehung, die ich je gehabt hatte. Durch deine Predigt habe ich die Ursache meines destruktiven Denkens erkannt und begonnen, umzudenken.

Vierzehn Tage vor meinem dreißigsten Geburtstag beschäftigte ich mich mit der Frage: »Habe ich in den vergangenen dreißig Jahren wirklich die meiste Zeit damit verbracht, alles und jeden zu hassen?« Auf diese Frage fand ich keine eindeutige Antwort. Wenn ich auf mein Leben zurückschaute, sah ich das Blutbad, das ich durch meine Verletzung und Zerstörung angerichtet hatte.

Deine Botschaft zeigte mir, wie ich die Fessel lösen könnte, die mich daran hinderte zu tun, was Gott für mich bereithatte. Wenn ich eine Person lieben sollte, die es »weder erwartete noch verdient hatte«, dann war diese Person mein Dad. Und darum sitze ich jetzt im Flugzeug und treffe einen Mann, den ich zuletzt 1983 gesehen habe. Ich vertraue auf den Herrn und wünsche mir von ganzem Herzen, sein Werk in dem allen zu sehen.

Gibt es in Ihrem Leben einen Menschen, dem Sie vergeben müssen? Ich weiß nicht, wer das ist. Und ich weiß nicht, wie diese Person Sie verletzt hat. Aber ich kann ganz klar sagen, dass Sie dieser Person vergeben müssen. Warum? Weil Jesus uns aufgetragen hat, siebzigmal siebenmal zu vergeben (vgl. Matthäus 18,21-22). Tun Sie es, weil es richtig ist. Darüber hinaus können wir uns auch von unserer Vergangenheit lösen, wenn wir Vergebung üben.

Viele Menschen lassen sich von Erfahrungen der Vergangenheit lähmen. Ein winziges Samenkorn der Bitterkeit wuchert zu einem ganzen Wald der Unversöhnlichkeit. Und viele Leute merken gar nicht, dass ihre Unversöhnlichkeit der Person, die sie verletzt hat, gar nichts ausmacht, sondern nur den Schmerz in ihrem eigenen Herzen vertieft. Wir denken, unsere Haltung würde die andere Person vielleicht in einen Käfig sperren, dabei ist es so, dass wir uns selbst in einen Käfig einsperren. An diesem Punkt werden viele Wildgansjagden blockiert.

> **Ein winziges Samenkorn der Bitterkeit wuchert zu einem ganzen Wald der Unversöhnlichkeit.**

Gibt es einen Menschen, dem Sie vergeben müssen? Sicherlich wird es niemand sein, der Ihre Vergebung verdient hat. Wenn er sie verdient hätte, wäre es keine Gnade. Aber wenn Sie den Mut haben, ihm trotzdem zu vergeben, dann werden Sie frei werden. Und Ihr Herz wird dabei neu ausgerichtet werden.

Blickkontakt

Ich weiß nicht, welche Fehler Sie begangen haben. Ich weiß nicht, welche sündigen Erinnerungen sich in Ihr Gedächtnis eingebrannt haben. Und ich habe keine Ahnung, welche Fehler Sie im Käfig der Schuld festhalten. Aber ich weiß: Gott hat Sie nicht aufgegeben. Das kann er gar nicht. Das entspricht nicht seinem Wesen.

Es gibt Augenblicke in unserem Leben, wo unser Versagen so groß ist, dass wir uns der Gnade Gottes absolut unwürdig fühlen. Solche Augenblicke der Schwachheit blockieren uns entweder geistlich oder bringen uns weiter. Entweder sperren wir uns in den Käfig der Schuld ein und kommen nicht mehr heraus, oder wir entdecken neue Dimensionen der Gnade Gottes.

Und der Herr wandte sich und sah Petrus an (Lukas 22,61). Das ist nur ein kleiner Satz im Text, aber ich denke, er spricht Bände. Unmittelbar nachdem Petrus Jesus verleugnet hatte, schaute Jesus ihn direkt an und stellte Blickkontakt her. Ich glaube nicht, dass in seinem Blick Verurteilung lag. Es war kein böser Blick. Ich denke, Jesus wusste, dass Petrus sehr geknickt war. Er wollte ihn nicht fertigmachen, aber ihm war klar, dass Petrus sich vermutlich selbst fertigmachen würde.

Petrus' Verleugnung war in geistlicher Hinsicht der Augenblick seiner größten Schwachheit. Und genau in diesem Augenblick nimmt Jesus Blickkontakt auf. Warum? Weil ein Blickkontakt eine Beziehung herstellt. Haben Sie Ihre Kinder schon einmal aufgefordert, Ihnen in die Augen zu schauen, wenn Sie die Wahrheit erfahren wollten – die ganze Wahrheit und nichts als die Wahrheit? Oder haben Sie schon einmal stumm in die Augen eines geliebten Menschen geschaut? Oder den Blick von jemandem abgewendet, über den Sie getratscht haben? Jemandem in die Augen

> Unmittelbar nachdem Petrus Jesus verleugnet hatte, schaute Jesus ihn direkt an und stellte Blickkontakt her.

zu sehen, ist ein intimer Akt. Wenn Sie lange genug hinsehen, werden Sie in die Seele des anderen blicken. Und er oder sie wird in Ihre Seele schauen.

Jesus brauchte kein Wort zu sagen. Das war auch besser so, denn wenn er etwas zu Petrus gesagt hätte, dann hätte das Petrus als seinen Freund verraten und vermutlich zu seiner Verhaftung geführt. Darum übermittelte er ihm durch den Blickkontakt die nonverbale Botschaft: *Petrus, sieh mich an. Ich habe dir vergeben, bevor du mich verleugnet hast. Ich möchte dir sagen, dass ich dich nicht aufgegeben habe. Wir stehen das gemeinsam durch!*

Auf frischer Tat ertappt

Wir in der *National Community Church* haben ein Motto: Liebe die Menschen, die es am wenigsten erwarten und verdient haben. So hat sich Jesus verhalten. Er lehrte Leprakranke, aß mit Zöllnern, gab sich mit Samaritern ab und sprach freundlich mit Prostituierten.

Kennen Sie die Geschichte der Frau, die beim Ehebruch erwischt wurde? Das war nun wirklich ein Augenblick der Schwachheit. Vielleicht sogar peinlich? Diese Frau wurde buchstäblich auf frischer Tat ertappt. Die religiösen Führer zerrten sie in den Tempelhof, hoben Steine auf und stellten Jesus eine folgenschwere Frage: *Meister, diese Frau ist auf frischer Tat beim Ehebruch ergriffen worden. Mose aber hat uns im Gesetz geboten, solche Frauen zu steinigen. Was sagst du?* (Johannes 8,4-5).

Nach dem levitischen Gesetz musste die Frau sterben. Und ich schätze, irgendwie wünschte sie sich das in diesem Augenblick auch. Stellen Sie sich die Demütigung und Scham vor. Aber Jesus tat, was Jesus eben tut. Er liebte diese Frau, als sie es am wenigsten erwartete und verdiente. Er verteidigte eine wehrlose Frau. Und seine Antwort war ebenso brillant wie mitfühlend: *Wer unter euch ohne Sünde ist, der werfe den ersten Stein auf sie* (Johannes 8,7).

Einer nach dem anderen ließen die Ankläger der Frau ihre Steine fallen und entfernten sich, vom ältesten bis zum jüngsten. Die einzige Person, die zurückblieb, die einzige Person, die seinen Ansprüchen genügte, war Jesus selbst. Dann sagte Jesus zu der Frau: *Geh hin und sündige hinfort nicht mehr* (Johannes 8,11). Danach wird die Frau in der Bibel nicht mehr erwähnt.

Ich freue mich auf den Himmel unter anderem auch deshalb, weil ich den Rest dieser Geschichte hören möchte. Ich will erfahren, was aus dieser Frau geworden ist. Und auch, was aus dem Gelähmten wurde, der von seinen vier Freunden durch das Dach zu Jesus heruntergelassen wurde. Oder aus der Tochter des Jairus, die von den Toten auferweckt wurde. Oder aus dem kleinen Jungen, der Jesus die fünf Brote und zwei Fische überließ. Oder aus dem Mann, aus dem Jesus eine Legion Dämonen austrieb. Sie werden in der Bibel nicht mehr erwähnt. Und erst in der Ewigkeit werden wir den Ausgang dieser Geschichten erfahren.

> Doch Jesus machte diesen Augenblick der Schwachheit zu einem Wendepunkt in ihrem Leben. Seine Gnade ermöglichte ihr einen Neuanfang.

Aber ich habe so eine Ahnung, dass die Frau, die beim Ehebruch ertappt wurde, nach diesem Erlebnis für immer verändert war. Bestimmt musste sie mit den Konsequenzen ihrer Sünde leben und stand vor den Scherben ihres Lebens. Doch Jesus machte diesen Augenblick der Schwachheit zu einem Wendepunkt in ihrem Leben. Seine Gnade ermöglichte ihr einen Neuanfang.

Augenblicke der Schwachheit können Wendepunkte s

Gnade ermöglicht Neuanfang

Die Beweise, die gegen uns stehen

Es fällt uns schwer, etwas zu begreifen, zu dem wir nicht fähig sind. Und die unverdiente Gnade Gottes steht ganz oben auf der Liste der unbegreiflichen Dinge. Wir können uns der Gnade Gottes nicht sachlich durch eine Analyse annähern. Das wird uns nicht gelingen. Wir verstehen sie nur durch fantasievolle Bilder. Und Petrus' wiederholtes Versagen malt uns gleich ein ganzes Gemälde der Gnade Gottes vor Augen.

Durch seine Impulsivität erlebte Petrus viele Augenblicke der Schwachheit, einen davon nur wenige Stunden vor der Verleugnung. Als der religiöse Mob Jesus verhaften wollte, zog Petrus sein Schwert und schlug einem Mann mit Namen Malchus ein Ohr ab. Er erntete einen Vorwurf für seine Reaktion, aber eigentlich muss man ihm Anerkennung zollen. Kein anderer schwang sich auf, um Jesus zu verteidigen!

Natürlich ist klar: Man haut nicht ungestraft einem Menschen ein Ohr ab, schon gar nicht dem Knecht des Hohen Priesters. Seine Tat zog einen Haufen rechtlicher Probleme nach sich. Schlimmstenfalls hätte Petrus des versuchten Mordes angeklagt werden können. Bestenfalls wäre ihm Körperverletzung mit einer tödlichen Waffe vorgeworfen worden. So oder so hätte das einen längeren Aufenthalt im Gefängnis nach sich gezogen. Doch gern übersehen wir bei dieser Geschichte die Nebenhandlung, die ein wunderschönes Bild der Gnade Gottes zeichnet. Jesus machte rückgängig, was nicht mehr rückgängig zu machen schien, indem er das Ohr des Mannes heilte. Aber er heilte nicht nur einen Mann, der gekommen war, um ihn ans Kreuz zu bringen; er vernichtete gleichzeitig die Beweise gegen Petrus.

Stellen Sie sich folgende Szene vor. Malchus zeigt Petrus an. Ein Gerichtsstenograf zeichnet das Kreuzverhör auf.

Malchus sagt: »Petrus hat mir das Ohr abgeschlagen.«

»Welches Ohr?«, fragt der Richter.

Malchus sagt: »Mein rechtes Ohr« (vgl. Johannes 18,10).

Der Richter geht zum Zeugenstand und schaut sich das Ohr an. »Für mich sieht das ganz in Ordnung aus.« Und damit wird die Klage aus Mangel an Beweisen abgewiesen.

Durch seine Kreuzigung und Auferstehung vernichtete Jesus die Beweise gegen uns.[17] Aber damit nicht genug. Unsere Sünde wurde nicht nur von seinem Konto abgebucht, sondern seine Gerechtigkeit wurde auch noch auf unserem Konto gutgeschrieben. *Denn er hat den, der von keiner Sünde wusste, für uns zur Sünde gemacht, damit wir in ihm die Gerechtigkeit würden, die vor Gott gilt* (2. Korinther 5,21). Es ist, als würde Jesus sagen:»Du gibst mir deine ganze Sünde. Ich gebe dir meine ganze Gerechtigkeit. Und damit sind wir quitt.«

> Unsere Sünde wurde nicht nur von seinem Konto abgebucht, sondern seine Gerechtigkeit wurde auch noch auf unserem Konto gutgeschrieben.

Über nichts kann ich mehr staunen als über die geistlichen Vorgänge, die passieren, wenn wir unseren Glauben auf Christus setzen. Meine geistlichen Schulden werden auf Christi Konto übertragen und sein Guthaben auf mein Konto umgebucht. Was für ein Geschäft! Es gibt keinen größeren Augenblick und kein tolleres Gefühl, als dass meine geballte Schuld auf Gottes geballte Gnade trifft.

Verborgene Schuld

Wissen Sie noch, was Adam tat, nachdem er vom Baum der Erkenntnis von Gut und Böse gegessen hatte? Zum ersten Mal in seinem Leben versteckte er sich vor Gott (vgl. 1. Mose 3,8). Das kann man sich gar nicht richtig vorstellen. Was ist nutzloser als der Versuch, sich vor dem alles sehenden Auge zu verstecken? Aber genau das tun wir. Wir verstecken uns vor Gott. Und wir verstecken uns voreinander. Das ist der erste konditionierte Reflex, von dem in der Bibel berichtet wird, und seither hat sich nicht viel verändert. Wir bemühen uns, unsere Sünde zu verbergen, und landen schließlich in einem Käfig der Schuld.

Als ich die Highschool besuchte, wurde ich insgesamt dreizehnmal von der Polizei angehalten. Ich bin nicht stolz auf diese Statistik, aber stolz bin ich darauf, dass ich nur drei Strafzettel bekam. Ich war kein guter Fahrer – aber ich konnte ziemlich gut reden!

Meinen ersten Strafzettel bekam ich auf dem Weg zu einem Basketballspiel. Ich machte eine Linkswende in einem Fünfundvierzig-Grad-Winkel in den entgegenkommenden Verkehr hinein, die Motorsportfans mit Ehrfurcht erfüllt hätte. Bei der Polizeibeamtin, die ich geschnitten hatte, war das leider jedoch nicht der Fall. Sie machte einen U-Turn und schrieb mir einen Strafzettel über fünfzig Dollar aus. Das mag noch im Rahmen erscheinen, aber damals war das für mich ein kleines Vermögen. Ich hatte keine Ahnung, wie ich das Geld aufbringen sollte. Doch ich beschloss, meinen Eltern von diesem Strafzettel nichts zu erzählen und die Strafe selbst zu bezahlen.

Wie jeder gute Sohn war ich um das psychische Wohlbefinden meiner Eltern besorgt und wollte sie nicht mit meinem Vergehen belasten. Aber ich hatte die Sache falsch eingeschätzt. Ich wusste nicht, dass die Polizei (die vermutlich wusste, dass es eine Menge guter Kinder wie mich gab, die ihre Eltern nicht beunruhigen wollten) eine Kopie von dem Strafzettel zu mir nach Hause schickte. Sie können sich sicher vorstellen, dass eine Mutter, die einen an ihren Sohn adressierten Brief vom Polizeipräsidenten in die Hände bekommt, sofort alarmiert ist und ihn vermutlich öffnen wird. Dann zeigte sie ihn meinem Dad. Ich hatte jedoch keine Ahnung, dass sie Bescheid wussten. Sie wahrten mein Geheimnis.

In der Zwischenzeit erstickte ich beinahe an meinen Schuldgefühlen. Ich hatte ein schlechtes Gewissen, weil ich nichts von dem Strafzettel erzählt hatte, aber je länger ich wartete, desto schwerer wurde es, die Sache zu bereinigen. Auch lebte ich in der ständigen Angst, meine Eltern würden es irgendwie herausfinden. Und außerdem stand ich unter finanziellem Druck, irgendwie die fünfzig Dollar für den Strafzettel zu beschaffen.

Mehrere Wochen vergingen und das letzte Spiel der Saison stand bevor. Tausende Menschen drängten sich auf den Rängen, als wir gegen unsere Rivalen vom anderen Ende der Stadt um die *Conference Championship* spielten. Es war das wichtigste und denkwürdigste Spiel meiner Highschool-Basketballkarriere. Meine Mannschaft – die *Naperville Central Redskins* – feierte einen ihrer überraschendsten Siege. Fünf Minuten waren im vierten Viertel noch zu spielen, und wir waren mit einundzwanzig Punkten im Rückstand. Das ist an

Highschool-Standards gemessen ein unüberwindliches Defizit, aber wir rissen uns zusammen und trugen tatsächlich den Sieg über die *Naperville North Huskies* davon. Als das Spiel zu Ende war, stürmten unsere Fans voller Begeisterung aufs Spielfeld.

In diesem Augenblick kam mein Dad zu mir und teilte mir mit, dass er den Strafzettel bezahlen würde. Ich kann nicht sagen, warum er ausgerechnet diesen Moment wählte. Ich wusste ja nicht einmal, dass er über den Strafzettel Bescheid wusste. Aber ich werde nie vergessen, was ich damals empfand. Sicherlich einen Hauch von Schuldgefühlen, weil mein Vergehen ans Licht gekommen war, aber ich erinnere mich auch noch an das überwältigende Gefühl der Erleichterung. Das war noch besser als der Sieg! Ich brauchte den Strafzettel nicht zu bezahlen. Und wichtiger noch, ich brauchte nicht mehr in Angst zu leben, weil mein Geheimnis offenbar geworden war.

Nichts ist befreiender als bekannte Schuld. Nichts isoliert uns mehr als Sünde, die vertuscht wird. Darum gefällt es dem Feind auch, wenn wir unsere Sünden verbergen. Dann sitzen wir für den Rest unseres Lebens im Käfig der Schuld gefangen. Der einzige Ausweg ist, unsere Schuld einzugestehen. Und ich meine nicht nur vor Gott. Selbstverständlich glaube ich, dass uns vergeben wird, wenn wir unsere Sünde vor Gott bringen (vgl. 1. Johannes 1,9). Aber uns gegenseitig unsere Schuld zu bekennen, ist eine geistliche Disziplin, die leider viel zu selten praktiziert wird (vgl. Jakobus 5,16). Wissen Sie, warum Sie Ihre Sünde bekennen sollten? Nicht nur, um Ihr Gewissen zu erleichtern. Sie müssen Ihre Schuld bekennen, damit die Person, vor der Sie das tun, weiß, dass nicht nur sie Sünde begangen hat.

> Nichts ist befreiender als bekannte Schuld. Nichts isoliert uns mehr als Sünde, die vertuscht wird.

Das Johari-Fenster

Während des Studiums lernte ich ein faszinierendes Modell für die menschliche Wahrnehmung kennen, das Johari-Fenster. Es besteht aus vier Quadranten. Dem »öffentlichen Fenster« werden die Dinge zugeordnet, die Sie über sich selbst und die andere über Sie wissen. In den »Quadrant des blinden Flecks« gehört das, was andere über Sie wissen, was Ihnen selbst aber nicht bewusst ist. Hier brauchen Sie Freunde, die den Mut haben, solche Dinge auszusprechen. Dem »geheimen Fenster« wird das zugeordnet, was Sie über sich wissen, anderen jedoch nicht bekannt ist. Hier verstecken Sie, wer Sie eigentlich sind. Und zum »unbekannten Quadrant« gehört das, was andere und auch Sie selbst nicht über sich wissen. In diesem Bereich kommt dem Heiligen Geist eine wichtige Aufgabe in Ihrem Leben zu. Gott kennt Sie besser als Sie sich selbst. Wenn Sie sich also wirklich kennenlernen wollen, müssen Sie Gott kennenlernen.

Ich habe die Befürchtung, dass viele Christen sich hinter der Fassade des geheimen Fensters verstecken. Seien wir doch mal ehrlich: In der Kirche wird viel geheuchelt. Wir haben Angst, unsere Unvollkommenheiten und Schwächen zu zeigen. Wir scheuen uns, unsere schmerzenden Narben und sündigen Geheimnisse offenzulegen. Und darum leben so viele von uns in Einsamkeit.

> Ich kenne viele Menschen, die das Gefühl haben, zuerst ihr Leben in Ordnung bringen zu müssen, bevor sie zu Gott kommen können.

Ich kenne viele Menschen, die das Gefühl haben, zuerst ihr Leben in Ordnung bringen zu müssen, bevor sie zu Gott kommen können. Woher kommt eine solche aberwitzige Vorstellung? Das würde ja bedeuten, dass man zuerst gesund werden müsste, bevor man einen Arzt aufsuchen darf. Das macht keinen Sinn (siehe auch Markus 2,17). Die Gemeinde muss ein Zufluchtsort sein, wo wir unsere schlimmsten Sünden offenlegen können. Alles andere ist Heuchelei.

Im Laufe der Jahre, die ich als Pastor arbeite, habe ich schon viele Bekenntnisse gehört. Und einige davon haben mich schockiert. Manche, die nach außen hin einen frommen Lebenswandel führten, bekannten mir ihre Sünden – von den unterschiedlichsten Abhängigkeiten bis hin zum Ehebruch. Und ich war überrascht. Jetzt überrascht mich nichts mehr. Wissen Sie, was mich jetzt überrascht? Wenn Menschen den Mut haben, ihre Sünden zu bekennen. Das verblüfft mich! Und je schlimmer die Sünde ist, desto mehr steigt meine Hochachtung vor der betreffenden Person. Warum? Weil wir alle verborgene Schuld mit uns herumtragen, aber nur ein mutiger Mensch ist bereit, sie auch zu bekennen.

Sie haben vielleicht das Gefühl, dass Ihr Leben zu Ende ist, wenn Sie Ihre Schuld bekennen oder zu einer Sucht stehen. Doch eigentlich ist das der Augenblick, in dem Ihr Leben neu beginnt. Ein Bekenntnis öffnet die Käfigtür. Das geistliche Abenteuer kann beginnen. Sie brauchen keine emotionale und geistliche Energie mehr darauf zu verwenden, Ihre eigentliche Persönlichkeit zu verstecken. Ihr Gewissen ist frei, um Sie zu führen. Und Sie können aufhören, eine Persönlichkeit vorzuspielen, die Sie gar nicht sind, und anfangen, sich zu dem Menschen zu entwickeln, der Sie nach Gottes Willen sein sollen.

Erneut berufen

Ich will fischen gehen (Johannes 21,3). Einige Wochen nach der Verleugnung Jesu macht Petrus diese Ankündigung. Und vermutlich wollte er auch tatsächlich nur fischen gehen. Ich frage mich, ob er seine Karriere als Jünger für beendet hielt. Wäre das nicht verständlich? Petrus hatte einmal zu oft versagt. Vielleicht überlegte er, seinen Lebensunterhalt wieder als Fischer zu verdienen. Das ist eine natürliche Reaktion, nachdem wir versagt haben, oder? Wir kehren zu altem Verhalten zurück. Und Satan wäre nichts lieber gewesen, als dass Petrus für den Rest seines Lebens mit dem Boot auf den See Genezareth hinausgefahren wäre und Fische gefangen hätte. Aber Petrus hatte von Christus den Auftrag bekommen, bis ans Ende der Erde zu gehen und das Evangelium zu verkündigen.

> Satan wäre nichts lieber gewesen, als dass Petrus für den Rest seines Lebens mit dem Boot auf den See Genezareth hinausgefahren wäre und Fische gefangen hätte.

Schuld macht uns klein. Sie lässt unsere Träume zusammenschrumpfen. Sie lässt unsere Beziehungen verkümmern. Sie lässt unsere Herzen vertrocknen. Und sie lässt unser Leben auf die Größe unserer schlimmsten Versagen zusammenfallen.

Gnade wirkt genau entgegengesetzt. Sie erweitert unsere Träume, belebt unsere Beziehungen, wässert unsere Herzen. Und sie gibt uns den Mut, dem Geist Gottes nachzujagen bis ans Ende der Erde.

Petrus hatte nach der Verleugnung Jesu mehrere Wochen in einem Käfig der Schuld gelebt, als er von dem auferstandenen Jesus erneut berufen wurde. Das Ganze war kein Zufall.

Als sie nun das Mahl gehalten hatten, spricht Jesus zu Simon Petrus: Simon, Sohn des Johannes, hast du mich lieber, als mich diese haben? Er spricht zu ihm: Ja, Herr, du weißt, dass ich dich lieb habe. Spricht Jesus zu ihm: Weide meine Lämmer! Spricht er zum zweiten Mal zu ihm: Simon, Sohn des Johannes, hast du mich lieb? Er spricht zu ihm: Ja, Herr, du weißt, dass ich dich lieb habe. Spricht Jesus zu ihm: Weide meine Schafe! Spricht er zum dritten Mal zu ihm: Simon, Sohn des Johannes, hast du mich lieb? Petrus wurde traurig, weil er zum dritten Mal zu ihm sagte: Hast du mich lieb?, und sprach zu ihm: Herr, du weißt alle Dinge, du weißt, dass ich dich lieb habe. Spricht Jesus zu ihm: Weide meine Schafe (Johannes 21,15-17).

Ich glaube, dass Jesus Petrus ganz bewusst dreimal dieselbe Frage stellte. Petrus fühlte sich beleidigt durch diese Wiederholung. Aber vielleicht wusste Jesus ja schon vor Iwan Pawlow ein wenig Bescheid über konditionierte Reflexe. Petrus hatte dreimal versagt; Jesus berief ihn dreimal wieder. Aber das ist noch nicht alles. Ist Ihnen schon einmal aufgefallen, *wann* das alles stattfand? *Es war aber schon Morgen* (Johannes 21,4).

Jesus bestätigte Petrus' Berufung, als die Hähne krähten. Von diesem Augenblick an war das Krähen des Hahnes keine Mahnung mehr an sein Versagen, das Schuldgefühle in ihm wachrief. Es war eine Erinnerung an seine Wiedereinsetzung in den Dienst, die ihn mit großer Dankbarkeit erfüllte.

Sehen Sie es einmal folgendermaßen:

Sünde – Gnade = Schuld

Sünde + Gnade = Dankbarkeit

115

> **Die Gnade Gottes bewirkt, dass wir in Dankbarkeit schwimmen dürfen und nicht in Schuldgefühlen ertrinken müssen.**

Die Gnade Gottes bewirkt, dass wir in Dankbarkeit schwimmen dürfen und nicht in Schuldgefühlen ertrinken müssen. Wenn Ihre geistlichen Reflexe durch die Gnade Gottes neu konditioniert werden, dann werden Sie frei, aus dem Käfig der Schuld auszubrechen und dem Geist Gottes nachzujagen.

Ihre Jagd

❁ Welches ist für Sie das »Krähen des Hahnes«, das Schuldgefühle in Ihnen auslöst?

❁ In diesem Kapitel heißt es: »Viele Menschen lassen sich von Erfahrungen der Vergangenheit lähmen.« Welche Erfahrungen sind das in Ihrem Fall?

❁ Wem müssen Sie vergeben, um frei zu sein, dem Geist Gottes zu folgen? Wen müssen Sie bitten, Ihnen zu vergeben?

❁ Wenn Sie mit Jesus leben, dann *wissen* Sie, dass er Ihnen seine Gerechtigkeit im Austausch gegen Ihre Sünde gegeben hat. Aber würden Sie sagen, dass Sie diese Übertragung auch tatsächlich *spüren* – und entsprechend *leben*? Warum oder warum nicht?

❁ Wenn Sie Jesus gegenüberständen und ihn bitten könnten, Sie wieder in den Dienst zu berufen, Sie von Ihrer Schuld zu befreien und Sie frei zu machen, ihm zu folgen, was würden Sie zu ihm sagen?

Kapitel 6

Manchmal muss man scheitern

Aus dem Käfig des Versagens ausbrechen

Wenn Sie Gott zum Lachen bringen wollen,
erzählen Sie ihm von Ihren Plänen.

JOHN CHANCELLOR

Wie wir alle habe auch ich meine schlechten Tage. Aber ich kann aufrichtig sagen, dass ich nirgendwo sonst sein und auch nichts anderes tun möchte. Ich bin gern Pastor der *National Community Church*. Ich wohne gern auf dem *Capitol Hill*. Und ich bete dafür, dass ich mein Leben lang in dieser einen Gemeinde Pastor sein darf. Doch wenn ich in Chicago nicht gescheitert wäre, wäre ich nie nach Washington D.C. gekommen.

Während meines Studiums träumte ich davon, eine Gemeinde im Großraum Chicago zu gründen. Meine Frau und ich wuchsen beide in Naperville, einem der Vororte von Chicago, auf. Ich liebe die dicken amerikanischen Pizzen, die ursprünglich aus Chicago kommen. Damals spielte Michael Jordan auch noch für die *Chicago Bulls*. Warum sollte also jemand von dort wegziehen wollen? (Außer natürlich wegen der Eiseskälte im Winter.)

Ich ging davon aus, dass wir den Rest unseres Lebens dort verbringen würden. Daher suchten wir ein paar gute Leute zusammen, eröffneten ein Bankkonto und dachten über einen Namen für unsere Gemeinde nach. Ich entwarf sogar ein auf fünfundzwanzig Jahre ausgelegtes Strategiepapier.

117

In der Rückschau frage ich mich, ob Gott in sich hineinlachte, während ich Pläne schmiedete. Denn unser erster Gottesdienst fand nie statt. Unser Vorhaben scheiterte, noch bevor wir die Gemeinde richtig gegründet hatten. Eigentlich war es unsere kleine Gruppe, die sich spaltete. Während einer Krisensitzung mit einem der Paare wurde mir klar, dass der Traum zerplatzte. Unsere Gruppe fiel auseinander und mein Fünfundzwanzigjahresplan löste sich in Luft auf.

Dieser fehlgeschlagene Versuch einer Gemeindegründung gehört noch immer zu den peinlichsten und desillusionierendsten Erfahrungen meines Lebens. Aber ich würde sie gegen nichts in der Welt eintauschen wollen. Eine Niederlage kann sich sehr zerstörerisch auswirken, wenn wir nicht richtig damit umgehen. Sie kann unser Leben jedoch positiv beeinflussen, wenn wir angemessen mit ihr umgehen. Wir können wertvolle Lektionen lernen; so wird verhindert, dass wir die Anerkennung für spätere Erfolge für uns beanspruchen oder als selbstverständlich hinnehmen. Wir machen die wichtige Entdeckung, dass Gott da ist, um uns aufzuhelfen, wenn wir auf die Nase fallen. Und eine Niederlage macht uns manchmal auch offen für andere Möglichkeiten.

> Eine Niederlage kann sich sehr zerstörerisch auswirken, wenn wir nicht richtig damit umgehen. Sie kann unser Leben jedoch positiv beeinflussen, wenn wir angemessen mit ihr umgehen.

Nachdem der Traum von einer Gemeindegründung in Chicago geplatzt war, war ich bereit, an den Ort zu gehen, zu dem der Geist Gottes mich führen wollte. Und ehrlich gesagt: je weiter von Chicago fort, desto besser! Ich bin allerdings nicht sicher, ob ich bereit gewesen wäre, nach Washington zu ziehen, wenn meine Pläne in Chicago nicht gescheitert wären.

In Hinsicht auf diese Gemeindegründung sind für mich viele Fragen unbeantwortet geblieben. War es überhaupt unser Auftrag gewesen, dort eine Gemeinde zu gründen? Oder hatte Gott die Niederlage eingeplant? War es der falsche Zeitpunkt? Oder war es meine Unfähigkeit, die unsere Pläne scheitern ließ? Ich habe mehr Fragen als Antworten, aber diese Erfahrung vermittelte mir eine neue Erkenntnis: Manchmal muss man scheitern, damit man dahin kommt, wo Gott einen haben möchte.

Ich bin sehr dafür, Pläne zu schmieden. Wenn wir das nicht tun, »planen« wir quasi direkt eine Niederlage. Aber wenn wir unseren Plänen mehr vertrauen als Gott, dann können uns unsere Pläne davon abhalten, ihm und seinem Willen zu folgen. Und manchmal müssen unsere Pläne scheitern, damit Gottes Pläne sich erfüllen.

Eine Niederlage (oder was zu einem bestimmten Zeitpunkt als Niederlage erscheint) kann zu einem Käfig werden, wenn wir uns nicht dagegen wehren. Sie kann uns daran hindern, den Leidenschaften zu folgen, die Gott in unser Herz gelegt hat. Doch es gibt ein Leben nach der Niederlage. Die Tür des Käfigs schwingt auf und der Geist Gottes ruft uns zu einem Leben voller neuer Abenteuer.

Denken wir an Paulus.

Club der Pechvögel

Gegen Ende seiner Missionsreisen befand sich Paulus auf dem Weg nach Rom, wo er vor Gericht gestellt werden sollte, als sein Schiff im Mittelmeer unterging.

Auf den Galapagosinseln wäre unser Boot beinahe gekentert. Obwohl wir Medikamente gegen Seekrankheit in hoher Dosierung eingenommen hatten, spuckten viele von uns ihr Mittagessen wieder aus. Es gab angespannte Augenblicke, wo unser Boot gefährlich von den Wellen hin und her geworfen wurde. Und nur, um das einmal festzuhalten: Ganz oben auf der Liste, wie ich auf keinen Fall sterben möchte, steht, im Meer zu ertrinken.

Ich weiß nicht genau, was Paulus dachte oder empfand, als das Schiff unterging, aber sicherlich war ihm speiübel und er hatte Angst. Adrenalin schoss durch seine Venen, während er versuchte, den Kopf über Wasser zu halten. Und bestimmt war er emotional und körperlich erschöpft, als er schließlich das Land erreichte. Aber bevor Paulus auch nur trocknen konnte, kam es noch schlimmer.

Paulus auf Malta / Act 28

Und als wir gerettet waren, erfuhren wir, dass die Insel Malta hieß. Die Leute aber erwiesen uns nicht geringe Freundlichkeit, zündeten ein Feuer an und nahmen uns alle auf wegen des Regens, der über uns gekommen war, und wegen der Kälte. Als nun Paulus einen Haufen Reisig zusammenraffte und aufs Feuer legte, fuhr wegen der Hitze eine Schlange heraus und biss sich an seiner Hand fest. Als aber die Leute das Tier an seiner Hand hängen sahen, sprachen sie untereinander: Dieser Mensch muss ein Mörder sein, den die Göttin der Rache nicht leben lässt, obgleich er dem Meer entkommen ist (Apostelgeschichte 28,1-4).

> Wenn ich die Regeln aufstellen könnte, würden ein Schiffbruch und ein Schlangenbiss am selben Tag einem Menschen die lebenslange Mitgliedschaft im Club der Pechvögel garantieren.

Was für eine üble Geschichte! Ein Schiffbruch allein ist schon schlimm. Aber ein Schiffbruch *und* ein Schlangenbiss? Das ist ein schrecklicher, entsetzlicher, überhaupt nicht guter, sondern sehr schlechter Tag. Wenn ich die Regeln aufstellen könnte, würden ein Schiffbruch und ein Schlangenbiss am selben Tag einem Menschen die lebenslange Mitgliedschaft im Club der Pechvögel garantieren. Und wenn ich Paulus wäre, hätte ich an diesem Punkt kapituliert. »Komm schon, Gott. Wenn ich jetzt noch von einer giftigen Schlange gebissen werde, warum hast du mich nicht einfach ertrinken lassen?« Aber Gott macht das, was wie großes Pech erscheint, gern zu einem großen Wendepunkt. Der Schiffbruch und der Schlangenbiss dienten seinen Absichten.

Er aber schlenkerte das Tier ins Feuer, und es widerfuhr ihm nichts Übles. Sie aber warteten, dass er anschwellen oder plötzlich tot umfallen würde. Als sie nun lange gewartet hatten und sahen, dass ihm nichts Schlimmes widerfuhr, änderten sie ihre Meinung und sprachen: Er ist ein Gott. In dieser Gegend hatte der angesehendste Mann der Insel, mit Namen Publius, Landgüter; der nahm uns auf und beherbergte uns drei Tage lang freundlich. Es geschah

aber, dass der Vater des Publius am Fieber und an der Ruhr danie-
derlag. Zu dem ging Paulus hinein und betete und legte die Hände
auf ihn und machte ihn gesund. Als das geschehen war, kamen
auch die andern Kranken der Insel herbei und ließen sich gesund
machen. Und sie erwiesen uns große Ehre; und als wir abfuhren,
gaben sie uns mit, was wir nötig hatten.
(Apostelgeschichte 28,5-10)

Lassen Sie mich das Offensichtliche noch einmal herausstellen: Paulus und Publius wären sich normalerweise nie begegnet. Malta lag gar
nicht auf Paulus' Route. Und wenn Paulus, ein Gefangener der römischen Armee, um eine Audienz bei dem Gouverneur von Malta gebeten hätte, dann wäre er vermutlich ausgelacht worden. Ein Schiffbruch führte sie zu dieser strategischen Position an genau folgendem
Längen- und Breitengrad: 35° 50' N, 14° 35' O. Und ein Schlangenbiss ermöglichte das Zusammentreffen mit Publius. Der Schiffbruch
und der Schlangenbiss gehörten ganz gewiss nicht zu Paulus' Plan.
Aber wenn wir dem Geist Gottes nachjagen, wissen wir nie, wohin
wir kommen oder wem wir begegnen werden. Vielleicht setzt er durch
einen Schiffbruch oder einen Schlangenbiss die Erweckung einer ganzen Insel in Gang.

Gottes Umwege

Einige der für mich aufschlussreichsten und inspirierendsten Teile der
Bibel sind eigentlich gar nicht in der Bibel. Sie befinden sich im An-
hang. Schlagen Sie einmal die hinteren Seiten einer Studienbibel auf
und vertiefen Sie sich in die Karten von Paulus' Missionsreisen. Wildgansjagden wäre vielleicht der passendere Begriff. Da stoßen wir auf
keine einzige gerade Linie. Paulus reiste kreuz und quer durch die
ganze alte Welt.

Aus den Berichten über seine Reisen in der Apostelgeschichte wird
deutlich, dass Paulus einige seiner Ziele geplant ansteuerte. Aber viele
Städte lagen gar nicht auf seiner Route. Paulus kam nach Athen, weil
ein jüdischer Mob ihn aus Thessaloniki vertrieb. Er reiste nach Troas,

weil der Heilige Geist die Türen zu Bithynien verschloss. Und ein Schiffbruch im Mittelmeer führte Paulus nach Malta. Athen, Troas und Malta gehörten nicht zu seinem Plan. Aber Gott nutzte diese Umwege, um Paulus zu dem Ort zu führen, wo er ihn haben wollte.

Ganz gewiss will ich hier nicht vorschlagen, dass Sie sich selbst sabotieren. Sie brauchen keine Menschenmenge zu verärgern oder ein Loch in Ihr Boot zu schlagen. Aber manchmal bringt uns gerade eine verschlossene Tür dorthin, wo Gott uns haben möchte. Ich bin dazu gekommen, verschlossene Türen als von Gott gewollte Umwege zu betrachten. Denn auch wenn wir manchmal sehr niedergeschlagen und verwirrt sind, wenn unsere Pläne scheitern, kann Gott unsere Niedergeschlagenheit gebrauchen, um uns von unserem Kurs abzubringen und auf *seinen* Kurs zu führen.

> Manchmal bringt uns gerade eine verschlossene Tür dorthin, wo Gott uns haben möchte.

Als offensichtlich wurde, dass unser Gemeindegründungsvorhaben in Chicago gescheitert war, überschlugen sich die Gedanken in meinem Kopf. Ich wusste nicht mehr, wohin ich gehen oder was ich tun sollte. Es war eine emotional und geistlich schwierige Situation. Und ich fürchtete mich vor der Frage, die drohend über mir hing: »Was wirst du tun, wenn du dein Examen abgelegt hast?« Ich schrieb mich sogar für einen zweiten Masterstudiengang ein, nur um etwas Zeit zu gewinnen.

Nichts ist so verwirrend wie Zwischenzeiten – die Zeit zwischen zwei Jobs, zwischen zwei Beziehungen oder wenn man zwischen zwei Übeln wählen muss. Doch zugleich rüttelt auch nichts so sehr am Käfig wie eine schlimme Diagnose, der Verlust einer Arbeitsstelle oder eine Scheidung. Solche Dinge bringen die Kompassnadel in Bewegung. Wir fühlen uns verloren, weil unsere Pläne und unser Leben auseinanderfallen. Aber die andere Seite ist, dass wir dazu bewegt werden, Gott mit einer Intensität zu suchen, die wir sonst nicht aufbringen würden. Orientierungslosigkeit zwingt uns auf die Knie. Und das ist ein Grund dafür, warum aus den schlimmen Dingen, die uns zustoßen, etwas Gutes werden kann.

Tragödie oder Komödie?

Wie wir mit den Schiffbrüchen in unserem Leben umgehen, wird entscheiden, ob unser Leben zu einer Tragödie oder einer Komödie wird. Wir haben nicht in der Hand, wie unser Leben verläuft. Aber wir können sehr wohl entscheiden, wie wir auf das, was uns begegnet, reagieren.

Vor einiger Zeit erhielt ich eine E-Mail von einem Mitglied der *NCC*, dessen Kompassnadel sich wild im Kreise drehte. Skandale bei Politikern sind in Washington ganz normal. Der Rest Amerikas hört von ihnen in den Nachrichten und wechselt dann den Kanal. Aber viele von den Menschen, deren Pastor ich bin, sind ganz persönlich von diesen Skandalen betroffen.

> Wie wir mit den Schiffbrüchen in unserem Leben umgehen, wird entscheiden, ob unser Leben zu einer Tragödie oder einer Komödie wird.

In den vergangenen Monaten hatte ich den Eindruck, in einer surrealen Welt zu leben. Ich bin seit knapp drei Jahren in Washington und habe bereits dreimal die Arbeitsstelle gewechselt – was mich nicht davon abhielt, im vergangenen Frühling die verrückte Entscheidung zu treffen, ein weiteres Mal neu anzufangen. Ich begann, für einen angesehenen Senator meines Heimatstaates zu arbeiten. Die Welt auf dem Capitol Hill ist schon komisch. Als ahnungsloser Mitarbeiter arbeitete ich an einem großen Gesetzentwurf mit und hatte zugleich Spaß, viel Stress und große Begeisterung für das, was ich tat. Doch dann stürzte sich die Presse auf meinen Boss und plötzlich, nur durch eine Berichterstattung, verwandelte sich meine Welt in eine Tragödie.

Vermutlich wäre es keine so schmerzliche und enttäuschende Erfahrung gewesen, wenn ich nicht so großen Respekt vor meinem Chef gehabt hätte (und immer noch habe). Ich beschloss, ihn nicht im Stich zu lassen. Durch diese Entscheidung lernte ich sowohl die Menschen als auch die Politik von ihrer übelsten Seite kennen. Ich erlebte mit, wie mein Chef rücksichtslos und irrtümlicherweise durch den Dreck gezogen, getreten, verspottet und immer wieder überrannt wurde. Einerseits wünsche ich mir, Unterricht im Kickboxen zu nehmen, um meinen täglichen Frust über die Politik und meine Arbeit abzureagieren, andererseits möchte ich am liebsten laut »Tragödie!« von den Dächern schreien.

Haben Sie schon einmal das Gefühl gehabt, dass Ihr Leben sich zu einer Tragödie entwickelt? Ihr Partner betrügt Sie. Ihr Vorgesetzter entlässt Sie zu Unrecht. Oder jemand verletzt Sie so tief, dass Sie glauben, die Wunde könnte nie mehr heilen. Doch Sie selbst haben in der Hand zu entscheiden, wie Sie darauf reagieren wollen. Auch wenn Ihnen diese Phase Ihres Lebens, in der Sie sich gerade befinden, vielleicht nicht gefällt, ist das letzte Kapitel noch nicht geschrieben. Mir gefällt die Reaktion eines Mitglieds meiner Gemeinde, das sich in einer ausweglosen Situation befand.

Ich weiß zwar nicht, wie es weitergehen soll, aber ich weiß, wie alles ausgehen wird. Darum ist es meine Entscheidung, ob ich den heutigen Tag als Tragödie oder Komödie sehe. Ich fühle mich tatsächlich ein wenig so, als wäre ich der Held in einem Abenteuerbuch, in dem man jeweils selbst auswählen kann, wie es weitergeht (lesen Kinder so etwas heute noch?), und als machte es Gott Freude, mich durch möglichst viele Szenarien zu zerren – die gleichzeitig tragisch und komisch sind. Darum habe ich keine Wahl, als mich auf das meisterhaft erdachte Ende seines Märchens zu konzentrieren. Das Fazit: Im Augenblick ist er dabei, meine Tragödie in eine Komödie zu verwandeln, und bringt mir gleichzeitig bei, mich noch stärker vom märchenhaften Ende leiten zu lassen.

Wenn Sie das Gefühl haben, in einer Tragödie festzustecken, dann habe ich folgenden Rat für Sie: Geben Sie die komplette redaktionelle Kontrolle über Ihr Leben an Jesus ab. Hören Sie auf mit dem Versuch, Ihre eigene Geschichte zu schreiben. Und nehmen Sie Jesus nicht nur als Herrn und Erlöser, sondern auch als Autoren an. Wenn Sie ihm gestatten, seine Geschichte durch Ihr Leben zu schreiben, dann wird die Tragödie ein märchenhaftes Ende finden. Ich kann Ihnen kein Leben versprechen, in dem es keinen Schmerz, keine zerbrochenen Herzen und keinen Verlust gibt, aber Ihr Leben wird ein gutes Ende nehmen.

Wenn Sie sich bewusst machen wollen, was Gott tun kann, dann denken Sie an die Geschichte der beiden Verbrecher, die mit Jesus gekreuzigt wurden. Einer der Verbrecher warf Jesus Beleidigungen an den Kopf. *Da wies ihn der andere zurecht und sprach: Und du fürchtest dich auch nicht vor Gott, der du doch in gleicher Verdammnis bist? Wir sind es zwar mit Recht, denn wir empfangen, was unsre Taten verdienen; dieser aber hat nichts Unrechtes getan* (Lukas 23,40-41).

> **Geben Sie die komplette redaktionelle Kontrolle über Ihr Leben an Jesus ab.**

Wer möchte schon, dass die eigene Geschichte an einem Kreuz endet, an dem man wegen seiner Verbrechen hängt? Können Sie sich ein tragischeres Ende eines menschlichen Lebens vorstellen als den Tod durch Kreuzigung? Dies war der schlimmste und der letzte Tag seines Lebens. Aber die Geschichte war noch nicht ganz vorbei. Der letzte Satz war noch nicht geschrieben worden. Und im letzten Augenblick streckte sich der reuige Verbrecher nach dem Mann am Kreuz in der Mitte aus: *Jesus, gedenke an mich, wenn du in dein Reich kommst!* Das ist mit das einfachste Glaubensbekenntnis, das in den Evangelien zu finden ist. Und Jesus machte aus dem schlimmsten und letzten Tag seines Lebens den besten und ersten Tag der Ewigkeit: *Heute wirst du mit mir im Paradies sein* (Lukas 23,42-43).

> **Jesus machte aus dem schlimmsten und letzten Tag seines Lebens den besten und ersten Tag der Ewigkeit.**

Wenn das kein glückliches Ende ist, dann weiß ich es auch nicht. Aber ich möchte ganz klar sagen: Das Ende Ihrer Geschichte hängt davon ab, ob Sie sich Jesus zuwenden, wie sich der Verbrecher am Kreuz ihm zugewandt hat. Wenn Sie das nicht tun, bleibt die Tragödie eine Tragödie. Wenn Sie es tun, ist die Tragödie zu Ende und das Märchen beginnt.

Bitte verstehen Sie mich nicht falsch: Ich verspreche kein schmerzfreies Leben. Jesus selbst sagte: *In der Welt habt ihr Angst* (Johannes

16,33). Guten Menschen stoßen schlimme Dinge zu. Unterwegs werden Sie Schiffbrüche und Schlangenbisse erleben. Aber wenn Sie die redaktionelle Kontrolle über Ihr Leben an Jesus abgeben, dann kann er durch Ihr Leben seine Geschichte schreiben.

Absolute Abhängigkeit

Unabhängigkeit → Abhängigkeit

In normalen menschlichen Beziehungen bewegen wir uns von totaler Abhängigkeit zu totaler Unabhängigkeit. Babys sind vollkommen abhängig von ihren Eltern, die sie füttern, sie ihr Bäuerchen machen lassen, sie wiegen und ihnen die Windeln wechseln. Und unser Ziel als Eltern ist es, dass unsere Kinder unabhängig und selbstständig werden.

Eine gesunde Beziehung zwischen Eltern und Kind bewegt sich von der Abhängigkeit in die Unabhängigkeit. Aber eine gesunde Beziehung zu unserem himmlischen Vater sollte sich in die andere Richtung bewegen. Geistlich gesprochen beginnen wir in einem Zustand der absoluten Unabhängigkeit. Sünde bedeutet, sein Leben unabhängig von Gott zu gestalten. Wir leben, als existiere Gott nicht, und sagen zu ihm: »Danke, aber nein danke; ich will versuchen, es allein zu schaffen.« Geistliche Reife bedeutet, nach und nach zur absoluten Abhängigkeit von Gott zu gelangen. Dann leben wir nach dem Motto: »Ich nehme alle Hilfe, die ich kriegen kann.« Wir lernen, uns täglich von Gott abhängig zu machen. Manchmal ist auch ein Schiffbruch oder ein Schlangenbiss nötig, um uns dahin zu bringen.

Orientierungslosigkeit ist natürlich und gesund. Sie ist ein normaler Aspekt unserer Wildgansjagd. Die meiste Zeit werden wir nicht genau wissen, wohin wir unterwegs sind, aber das trägt zu unserer Abhängigkeit von Gott bei. Und es ist unsere Abhängigkeit von Gott – und nicht unsere gut entworfenen Pläne –, die uns dahin führen wird, wo Gott uns haben möchte.

> Ein neues Kapitel in unserem Leben beginnt häufig mit Orientierungslosigkeit.

Ein neues Kapitel in unserem Leben beginnt häufig mit Orientierungslosigkeit. Wenn wir an einer neuen Schule anfangen oder eine

126

neue Stelle antreten, besuchen wir eine Orientierungsveranstaltung. Doch Jesus gab keine Orientierungsveranstaltungen. Eher im Gegenteil. Haben wir nicht den Eindruck, als hätten sich seine Jünger in einem permanenten Zustand der Orientierungslosigkeit befunden? Wir denken, das läge an ihrer geistlichen Unreife, aber vielleicht zeigt das auch, wie Gott sich seine Nachfolger erzieht. Manchmal muss er uns die Orientierung nehmen, damit er uns neue Orientierung schenken kann.

Eines weiß ich ganz sicher: Wenn ich in Chicago keine Orientierungslosigkeit erlebt hätte, wäre ich nie nach Washington D.C. gegangen.

Gott sei Dank für fehlgeschlagene Pläne!

Orientierungslos

Die *National Community Church* gehört zu den Gemeinden des Landes, in denen die größte Orientierungslosigkeit herrscht. Das liegt daran, dass 73 Prozent der Mitglieder der *NCC* alleinstehende Leute in den Zwanzigern sind, die sich mit der Quarterlife-Crisis herumschlagen.

Das dritte Lebensjahrzehnt ist voller geistlicher, beruflicher, partnerschaftlicher und sogar geografischer Orientierungslosigkeit. Junge Menschen, die zwischen Mitte und Ende zwanzig sind, treffen Entscheidungen, die Auswirkungen auf ihr weiteres Leben haben werden. *Was glaube ich? Wen soll ich heiraten? Was will ich mit meinem Leben anfangen? Wo soll ich mich niederlassen?* Das sind schwierige Entscheidungen, die den Verlauf des weiteren Lebens bestimmen werden. Und darum kann die Quarterlife-Crisis so verwirrend sein.

Vor einigen Jahren steckte der Cousin meiner Frau, Dave Schmidgall, tief in einigen solchen Quarterlife-Problemen. Wir luden ihn zum Abendessen ein, um ihm Gelegenheit zu geben, seine Probleme mit uns durchzusprechen. Er war wirklich völlig orientierungslos und wusste nicht, wie es nach seinem Examen weitergehen sollte. Er wohnte gern in Washington, überlegte aber auch, wieder nach Hause zurückzuziehen. In Bezug auf die Beziehung zu seiner Freundin war er ebenfalls sehr unsicher. Wir redeten eine ganze Weile. Dann betete ich. Es war eines jener ungeplanten Gebete, bei denen man nicht genau weiß, was man sagen will, bis die Worte ausgesprochen sind. »Herr, du möchtest uns noch viel lieber an den Platz bringen, wo du uns haben möchtest, als wir.«

Wir hörten auf zu beten und begannen zu lachen, nachdem diese Worte über meine Lippen gekommen waren, weil wir erst mal überlegen mussten, was ich da gerade gebetet hatte. Es dauerte eine Weile, bis wir es herausgefunden hatten, aber nachdem es uns gelungen war, empfanden wir eine große Erleichterung. Aller Stress fiel von uns ab, als wir uns in Erinnerung riefen, dass Gott sich viel mehr Gedanken um unsere Zukunft macht als wir selbst.

> Aller Stress fiel von uns ab, als wir uns in Erinnerung riefen, dass Gott sich viel mehr Gedanken um unsere Zukunft macht als wir selbst.

Wir setzen uns viel zu sehr unter Druck, als seien die ewigen Pläne des allmächtigen Gottes abhängig von unserer Fähigkeit, sie zu entschlüsseln. Die Wahrheit ist, dass Gott sie uns noch viel lieber offenbaren möchte, als wir sie wissen wollen. Und wenn wir denken, ein Fehltritt könnte die vorausschauenden Pläne des Allmächtigen zum Scheitern bringen, dann ist unser Gott viel zu klein. Gott will uns nicht nur dahin führen, wo er uns haben möchte, sondern er ist auch sehr gut darin, uns dorthin zu bringen. Vielleicht offenbart er seine Pläne nicht immer so oder zu dem Zeitpunkt, wie es uns lieb wäre. Aber wenn wir der Wildgans nachjagen, dürfen wir die Verantwortung für unsere Zukunft an ihn abgeben. *Des Menschen Herz erdenkt sich seinen Weg; aber der Herr allein lenkt seinen Schritt* (Sprüche 16,9).«[17]

Tun Sie mir einen Gefallen. Hören Sie einen Augenblick auf zu lesen und atmen Sie tief ein. Und jetzt atmen Sie aus.

Ein tiefer Atemzug richtet uns neu aus. Wir entspannen uns. Die Souveränität Gottes hat in geistlicher Hinsicht denselben Effekt bei mir. Wenn ich mir in Erinnerung rufe, dass Gott derjenige ist, der meine Schritte lenkt, dann hilft mir das zu entspannen. Gott kann uns zur rechten Zeit zum rechten Ort führen. Und das sollte uns eine unerschütterliche Gelassenheit schenken, selbst dann, wenn wir die Orientierung verloren haben.

Göttliche Begegnungen

Vor einigen Jahren ging ich nach einem unserer Wochenendgottesdienste unsere Kontaktkarten durch. Bei einer blieb ich hängen. Als Antwort auf die Frage, wie der Gast von der *National Community Church* gehört hatte, hatte jemand »Blockbuster« geschrieben. Das war noch nie vorgekommen.

Einige Wochen zuvor hatte ich in der Blockbuster-Videothek an der Kasse gestanden. Die Frau neben mir hatte mich gefragt, wie spät es sei. Sie hatte das Kirchenlogo auf meiner Uhr gesehen und wir waren ins Gespräch gekommen. Ich hatte erfahren, dass sie keiner Gemeinde angehörte, und sie in die *NCC* eingeladen. Nach ihrem ersten Besuch schickte sie mir eine E-Mail:

> Wir haben uns vor ein paar Wochen in der Blockbuster-Videothek im Hechinger-Einkaufszentrum getroffen. Ich machte eine Bemerkung zu der interessanten Uhr, die Sie trugen. Ich wollte Sie nur wissen lassen, dass ich am vergangenen Sonntag den starken Wunsch verspürt habe, in die *National Community Church* zu gehen. Ihre Botschaft veränderte mein ganzes Leben und meine Einstellung. Ich bin fest davon überzeugt, dass unser Treffen eine göttliche Begegnung war, und bin froh, dass ich meinem inneren Drängen gefolgt und in den Gottesdienst gegangen bin. Vor einigen Monaten sagte ich zu jemandem: »Ich habe die Nase voll von der Kirche.« Aber ich freue mich jetzt schon auf den Gottesdienst am Sonntag. Das habe ich schon lange nicht mehr sagen können!

Manchmal geht meine Fantasie mit mir durch. Ich stelle mir eine ganze Abteilung Engel vor, die nur damit beschäftigt sind, für Gott Verabredungen zu treffen. Diese Frau stand auf der Agenda, weil sie mit der Kirche nichts mehr zu tun haben wollte. Und vielleicht ist es

Kairos—

Wunschdenken auf meiner Seite, aber einer der Engel empfahl die *National Community Church.* Unsere Namen wurden in der Datenbank der Engel überprüft und eine Strategie wurde ausgearbeitet. *Es gibt nur eine Möglichkeit, wie sie sich begegnen können, weil sie nur eine Gemeinsamkeit haben. Beide mögen Filme und beide sind Mitglied der Blockbuster-Videothek im Hechinger-Einkaufszentrum. Und achtet bitte darauf, dass Mark seine Uhr trägt!*

Voilà.

Ich weiß natürlich nicht, ob das tatsächlich so gelaufen ist. Aber eines weiß ich: Gott sorgt immerzu für solche Begegnungen. Und solange unsere Motive rein sind und unser Geist empfänglich bleibt, wird er dafür sorgen, dass wir die richtigen Menschen zum richtigen Zeitpunkt treffen. Das sollte unserem Geist Auftrieb geben, auch wenn das Schiff unterzugehen scheint!

Ich bitte immerzu um göttliche Begegnungen. Ich erinnere mich, dass ich ganz besonders für besondere Zusammentreffen gebetet habe, bevor ich mit einer Gruppe von Mitgliedern der *NCC* zu den Galapagosinseln aufbrach. Und Gott erhörte diese Gebete auf dramatische Weise.

An unserem letzten Tag standen wir früh auf und fuhren mit dem Bus fünfundvierzig Minuten quer über die Insel Santa Cruz, um eine Flughafenfähre zu einer Nachbarinsel zu bekommen. Es gab nur eine geteerte Straße zwischen der Hafenstadt und der Fähre – dazwischen lag nur Wildnis. In der Mitte der Insel, mitten im Nichts, wurden wir von einem Tramper am Straßenrand überrascht. Vermutlich hätte ich ihm zugewunken und wäre weitergefahren, aber unser Busfahrer fuhr an den Straßenrand und ließ den Insulaner mittleren Alters namens Raul einsteigen. Er schien seit Stunden zu Fuß unterwegs gewesen zu sein. Und es war offensichtlich, dass er in der Nacht wenig Schlaf bekommen hatte.

Raul hätte sich überall im Bus hinsetzen können, aber Gott ließ ihn neben Adam Platz nehmen. Adam ist der freundlichste und mitfühlendste Mensch, den ich kenne. Er war auch einer der wenigen Mitglieder unserer Gruppe, die fließend Spanisch sprachen. Und obwohl er Schmerzen hatte, weil er am Tag zuvor von einer Klippe gesprungen war und sich den Rücken verletzt hatte, spürte Adam, dass diese Begegnung von Gott eingefädelt war.

Im Laufe ihres Gesprächs erzählte Raul Adam, er habe am Tag zuvor einen Selbstmordversuch unternommen. Er habe sich Steine an die Knöchel gebunden und sich ins Meer stürzen wollen, weil seine Frau ihn nach dreißig Jahren Ehe verlassen hatte. Adam konnte sich nicht nur sprachlich mit ihm verständigen; er verstand auch, wie Raul sich fühlte. Erst wenige Jahre zuvor hatte Adams Frau ihn nach fünfzehn Jahren Ehe verlassen und auch er hatte über Selbstmord nachgedacht.

Raul erzählte Adam, er habe das Gefühl, dass Gott nie für ihn da sei, allerdings konnte er nicht bestreiten, dass Gott an jenem 12. August 2006 auf ihn aufgepasst hatte. Raul fand endlich zu dem Gott, der ihm sein ganzes Leben lang nachgegangen war.

Nach menschlichen Maßstäben wären wir Raul wohl nie begegnet. Ein solches Treffen kann man nicht herbeiführen. Wir leben in unterschiedlichen Ländern, sprechen unterschiedliche Sprachen. Aber Gott kennt keine räumlichen und zeitlichen Begrenzungen. In einer anderen Hemisphäre Menschen zusammenzuführen, ist für Gott so einfach, wie eine Begegnung zwischen Ihnen und Ihren Nachbarn zu arrangieren.

In Sekundenschnelle

Wenn wir dem Geist Gottes nachjagen, kann unser Leben in Sekundenschnelle auf den Kopf gestellt werden. Man kann nie wissen, wie oder wo der Heilige Geist seine Pläne offenbart. Eine Reise, eine Begegnung, ein Artikel, eine Unterrichtsstunde, ein Gespräch kann die Richtung unseres Lebens radikal verändern. Oder, wie in meinem Fall, eine Werbeanzeige in einer Zeitschrift.

Wenn wir dem Geist Gottes nachjagen, kann unser Leben in Sekundenschnelle auf den Kopf gestellt werden.

Ich weiß gar nicht mehr genau, welche Zeitschrift es war. Aber ich saß an unserem Küchentisch und blätterte während des Mittagessens in dem Magazin herum, als ich auf eine Anzeige einer überkonfessionellen Organisation in Washington D.C. stieß. Ich kann nicht sagen, warum ich innehielt. Ich war noch nie in Washington gewesen. Und eine überkonfessionelle Organisation war eigentlich nicht das, was mich speziell interessierte. Aber ich verspürte den Drang, mich nach näheren Einzelheiten zu erkundigen. Dieses Telefonat führte zu einer Reise. Und auf diese Reise folgte ein Umzug. Nach nur wenigen Monaten packten Lora und ich alle unsere irdischen Besitztümer in einen Lastwagen und verlegten unseren Wohnsitz nach Washington D.C. Wir hatten keine Wohnung und kein garantiertes Gehalt, aber wir wussten, dass dies die nächste Etappe auf unserer Wildgansjagd war.

Je länger ich dem Geist Gottes folge, desto mehr wird mir klar: Unsere Motive und Gottes Beweggründe unterscheiden sich häufig sehr.

Ich wollte nach Washington gehen, um dort die Leitung einer überkonfessionellen Organisation zu übernehmen, aber Gott hatte anderes im Sinn. Seine Gründe kannte ich nicht, denn ich bin nicht allwissend. Gott rief mich nicht nach Washington, damit ich dort jene überkonfessionelle Organisation leitete. Sicher, eine Zeit lang tat ich das. Doch ich bin überzeugt, dass der Geist Gottes mich nach Washington D.C. führte, um Pastor der *National Community Church* zu werden, auch wenn diese Gemeinde damals noch gar nicht existierte. Gott hat immer Beweggründe, von denen wir nichts wissen.

Der Sturmfaktor

Wie gelangte Paulus schließlich auf die Insel Malta? Nicht wegen der navigatorischen Fähigkeiten des Schiffskapitäns. Nicht wegen der seglerischen Fertigkeiten der Seeleute. Sie landeten auf Malta aus Gründen, über die sie keinerlei Kontrolle hatten: wegen des Sturm-Faktors.

Sie bekamen Gegenwind, sodass sich das Schiff schwer auf Kurs halten ließ.

Der Gegenwind führte dazu, dass sie im Schutz der Insel Kreta weitersegelten.

Ein leichter Südwind kam auf.

Sie konnten das Schiff nicht in den Wind legen.

Ein Sturmwind warf das Schiff hin und her (vgl. Apostelgeschichte 27,3.7.13.15.18).

Sie sehen, worauf ich hinauswill. Der Sturm schien sie vom Kurs abzubringen, aber gerade er führte Paulus dorthin, wo Gott ihn haben wollte.

Vor einiger Zeit saß ich in einem Flugzeug, das wegen orkanartiger Böen nicht starten konnte. Der Pilot teilte uns mit, dass er nach den Vorschriften der Fluglinie nicht starten dürfe, wenn die Windgeschwindigkeit dreißig Knoten oder mehr betrug. So saßen wir auf der Startbahn fest und ich dachte über unsere Situation nach. Da waren wir in einer Boeing 737 mit vier CFM56-3B2-Motoren, die dem Gesetz der Schwerkraft trotzten und uns mit einer Reisegeschwindigkeit von 814 km/h an unser Ziel brachten. Aber gegen die Naturgewalten kamen wir nicht an. Der Wind ist unberechenbar und nicht zu kontrollieren. Man kann ihn nicht zum Verstummen bringen. Man kann die Richtung, aus der er kommt, nicht ändern. Wind wird immer Wind sein.

> Der Sturm schien sie vom Kurs abzubringen, aber gerade er führte Paulus dorthin, wo Gott ihn haben wollte.

Woran erinnert uns das? *Der Wind bläst, wo er will, und du hörst sein Sausen wohl; aber du weißt nicht, woher er kommt und wohin er fährt. So ist es bei jedem, der aus dem Geist geboren ist* (Johannes 3,8).

Jesus verglich das Wirken des Heiligen Geistes mit dem Wind. Manchmal ist er ein leichter Südwind. Dann wieder ist er ein Orkan, der unser Schiff hin und her wirft. Manchmal ist der Geist Gottes ein Wind, der uns entgegensteht und unsere Pläne durchkreuzt. Und dann wieder ist er der Wind in unserem Rücken.

Der Wildgans nachzujagen bedeutet, dass wir erkennen, aus welcher Richtung der Wind weht, und darauf reagieren. Wir müssen ständig sehr sensibel für den Heiligen Geist sein. Und wir müssen seinem Drängen mehr vertrauen als unseren eigenen Plänen. Anstatt frustriert gegen den Wind anzukämpfen, sollten wir uns darüber freuen, dass etwas Unkontrollierbares und Unberechenbares uns dorthin bringen wird, wo Gott uns haben möchte.

Wenn ich an den Verlauf meiner eigenen Wildgansjagd zurückdenke, bin ich dankbar für die Schiffbrüche und Schlangenbisse. Sicher, ein Schiffbruch oder ein Schlangenbiss ist schmerzhaft. Aber ich weiß nicht, wo ich gelandet wäre, wenn Gott mich unterwegs nicht einige Umwege geführt hätte. Die Schiffbrüche und Schlangenbisse formen uns zu den Menschen, die wir heute sind. Und es sind die Geschichten, die wir später gern erzählen. Wie oft wird Paulus wohl von seinem Schiffbruch und dem Schlangenbiss berichtet haben?

> **Schiffbrüche und Schlangenbisse formen uns zu den Menschen, die wir heute sind.**

Verschlossene Türen

Wenn unsere Pläne scheitern, dann öffnen wir uns für andere Möglichkeiten. Häufig ändert ein solches Erlebnis die Richtung unseres Lebens. Das geschah zum Beispiel auch zu Beginn unserer Reise als *National Community Church*. Wir waren etwa ein Jahr lang in einer öffentlichen Schule zusammengekommen, als man uns mitteilte, dass die Schule wegen Verstößen gegen die Feuerschutzbestimmungen geschlossen würde, mit sofortiger Wirkung.

Das war wie ein Schiffbruch. Es bestand die Gefahr, dass wir mit unserem Gemeindegründungsprojekt scheiterten. Aber Gott gebrauchte diese zugefallene Tür, um uns in eine andere Richtung zu weisen. Ich suchte nach möglichen Mietobjekten auf dem *Capitol Hill*. Und nachdem ich an fast fünfundzwanzig verschiedene Türen geklopft hatte, öffnete sich für uns die Tür eines Kinos an der *Union Station*. Und was für eine Tür!

Es gibt kaum ein strategisch günstiger gelegenes geistliches Basislager als die Kinos an der *Union Station* mit ihren 25 Millionen Besuchern pro Jahr. Ich kann nur eines sagen: Gott sei Dank für die verschlossenen Türen! Wenn Gott nicht die Tür zu der öffentlichen Schule geschlossen hätte, dann hätten wir nie nach einer anderen Möglichkeit gesucht.

An dem Tag, als ich den Mietvertrag mit dem Kino an der *Union*

Station unterschrieb, kaufte ich ein Buch mit dem Titel »Union Station: Eine Geschichte des Großen Bahnhofs von Washington«. Ich wollte mich über die Vergangenheit des Bahnhofs informieren. Und Gott zeigte mir, dass es wohl kein Zufall war, dass wir gerade hier gelandet waren.

Am 28. Februar 1903 unterzeichnete Präsident Theodore Roosevelt den Gesetzesentwurf des Kongresses für den Bau dieses großen Fernverkehrsbahnhofs. In dem Gesetzesentwurf heißt es: »Ein Gesetz des Kongresses, um die *Union Station* zu bauen, auch für andere Zwecke.«

Es war dieser letzte Satz – »auch für andere Zwecke« –, der sich bei mir festsetzte. Theodore Roosevelt wollte einen Bahnhof bauen lassen, aber Gott hatte mehr im Sinn. Gott wusste, dass ein Jahrhundert nach der Unterzeichnung dieses Gesetzes die *Union Station* durch den Dienst der *National Community Church* seinen Zwecken dienen würde.

Und alles begann mit einer verschlossenen Tür.

Eine meiner Lieblingszusagen findet sich im Buch der Offenbarung. *Das sagt der Heilige, der Wahrhaftige, der da hat den Schlüssel Davids, der auftut, und niemand schließt zu, der zuschließt, und niemand tut auf: Ich kenne deine Werke. Siehe, ich habe vor dir eine Tür aufgetan, und niemand kann sie zuschließen* (Offenbarung 3,7-8).

> Alles begann
> mit einer
> verschlossenen Tür.

Der »Schlüssel Davids« spielt auf Eljakim an, der die höchste Position an Hiskias Königshof bekleidete. Als Hofmeister des königlichen Palastes trug er den Schlüssel des Hauses Davids um seine Schulter. Es war ein Symbol seiner Autorität. Als Einziger im Palast hatte er Zugang zu jedem Raum. Es gab keine Tür, die er nicht verschließen konnte. Und es gab keine Tür, die er nicht öffnen konnte (vgl. Jesaja 22,20-24).

Jesus verwahrt jetzt den Schlüssel Davids. Was er verschließt, kann niemand öffnen, und was er öffnet, kann niemand verschließen. Er ist die Tür (vgl. Johannes 10,9). Und wenn Sie durch die Tür gehen, werden Sie nie wissen, wohin Sie unterwegs sind, wem Sie begegnen oder was Sie tun werden. Er ist der Gott, der einem Gefangenen wie Paulus die Türen öffnete, damit er eine göttliche Begegnung mit einem Obersten wie Publius wahrnehmen konnte.

Göttliche Verzögerungen

diese formen mich zu Mensch, wie Gott mich haben will; wichtiger als wo er mich habe will

Ich mag keine Verzögerungen und Umwege. Von Natur aus bin ich ziemlich ungeduldig. Ich möchte so schnell und so einfach wie möglich an mein Ziel kommen. Wenn die Familie Batterson in den Urlaub fährt, folge ich einem Ritual. Ich stelle die Kilometer- und Zeitanzeige auf null und behalte sie während der ganzen Fahrt genau im Auge. Aus einem einfachen Grund: Ich möchte einen neuen Geschwindigkeitsrekord aufstellen, wann immer wir unterwegs sind.

Im Leben geht es mir ähnlich. Ich möchte in der kürzestmöglichen Zeit von Punkt A nach Punkt B gelangen, auf der leichtesten Route. Aber mir ist klar geworden, dass es noch wichtiger ist, der Mensch zu werden, *der ich nach Gottes Willen sein soll*, als an den Punkt zu kommen, *wo Gott mich haben möchte.* Denn Gott scheint nicht so sehr zu interessieren, wo ich hingehe, als zu welchem Menschen ich mich entwickle.

Ich denke, manche von uns interessieren sich viel mehr für den Willen Gottes als für Gott selbst. Und das verhindert geistliches Wachstum. Wir können nicht den Willen Gottes tun, wenn wir Gott nicht kennen. Und an dieser Stelle kommen Schiffbrüche und Schlangenbisse ins Spiel. Sie tragen nicht nur dazu bei, dass wir dahin kommen, wo Gott uns haben möchte; sie helfen uns, zu dem Menschen zu werden, der wir nach seinem Willen sein sollen.

Oswald Chambers schrieb:

> Wir müssen unsere Träume vom Erfolg nie für Gottes Absicht halten; er kann genau die entgegengesetzte Absicht mit uns haben. Wir meinen, dass Gott uns an ein bestimmtes Ziel führe, an ein von uns erwünschtes Ziel; das ist nicht der Fall; es unterliegt dem bloßen Zufall, ob wir an ein bestimmtes Ziel gelangen oder nicht. Was der Mensch Verlauf nennt, nennt Gott Ende. (...) Sein Ziel be-

steht darin, dass ich jetzt, in diesem Augenblicke, von ihm und von seiner Macht abhänge. (...) Es ist der Verlauf, der uns vor Gott ehrt, nicht das Ziel.[18]

In letzter Zeit sind einige Träume Realität geworden. Die *National Community Church* gründete ihre vierte Tochtergemeinde in Georgetown. Im *AOL City Guide* ist das *Ebenezer* als zweitbestes Café im Großraum Washington aufgeführt. Und mit meinem ersten Buch *In a Pit with a Lion on a Snowy Day* wurden mehr Leser erreicht, als ich mir erhofft hatte. Aber die Verwirklichung dieser Träume ging nicht schnell oder problemlos vonstatten. Unterwegs waren viele Umwege und Verzögerungen zu bewältigen.

Das Wachstum der *National Community Church* ist nicht spektakulär. Wir brauchten fünf Jahre, um von einer Gruppe von 19 Leuten auf 250 Mitglieder anzuwachsen. Acht Jahre des Betens, Verhandelns, Suchens und Bauens gingen der großen Eröffnung des *Ebenezer* voraus. Und auch wenn ich mich schon während des Studiums berufen fühlte, zu schreiben, habe ich erst ein Jahrzehnt später mit einem Verleger einen Buchvertrag abschließen können. Es dauerte lange, bis diese Träume Wirklichkeit wurden. Und ich bin sehr dankbar dafür, weil Gott mir inzwischen einige Lektionen erteilt hat, die ich nicht missen möchte.

Erstens habe ich gelernt, dass wir *die Erfüllung eines Traumes viel mehr zu schätzen wissen, je länger wir darauf warten müssen.* Dinge, die wir uns nicht erarbeiten oder auf die wir nicht warten müssen, nehmen wir gern als selbstverständlich hin. Aber je härter die Arbeit, desto größer die Dankbarkeit. Für mich ist unser Café durchaus keine Selbstverständlichkeit. Das *Ebenezer* ist für mich immer noch ein Wunder.

> Aber je härter die Arbeit, desto größer die Dankbarkeit.

Wenn die Verwirklichung unseres Traumes nur halb so lange gedauert hätte, würde ich mich vermutlich auch nur halb so sehr darüber freuen.

Zweitens habe ich gelernt, dass *man manchmal nichts Geistlicheres tun kann, als einfach durchzuhalten.* Es gab Zeiten, da ich wünschte, Gott hätte mir nicht den Auftrag gegeben zu schreiben, weil unerfüllte Träume sehr deprimierend sein können. Es gab Zeiten, da hätte ich am liebsten das Handtuch geworfen und meine schriftstellerische Tätigkeit an den Nagel gehängt, aber gerade wenn man aufgeben oder nachgeben will, sollte man noch ein wenig länger durchhalten. *Der in euch angefangen hat das gute Werk, der wird's auch vollenden bis an den Tag Christi Jesu* (Philipper 1,6). Und nichts macht uns geduldiger – sowohl in emotionaler als auch in geistlicher Hinsicht –, als wenn wir mit göttlichen Verzögerungen zu kämpfen haben.

Humor

Und schließlich habe ich gelernt, dass man *mit Humor fast alles überstehen kann*. Im Rückblick kann ich sagen, dass wir heute über einige unserer größten Fehlschläge herzlich lachen können. Als unsere Gemeinde etwa zweihundert Gottesdienstbesucher zählte, luden wir eine Band zu einem Konzert ein. Ich rechnete optimistisch mit etwa hundert Leuten. Nur vier Personen kamen. Und die Band zählte allein sieben Mitglieder! Nie habe ich mir mehr gewünscht, dass die Entrückung käme, als kurz bevor ich zur Band gehen und ihr gestehen musste, dass nur vier Besucher draußen säßen. Der ganze Abend war unendlich peinlich. Was tut man, wenn zur Band mehr Mitglieder gehören, als Zuhörer im Publikum sitzen? Das Publikum auf die Bühne holen und die Band im Zuschauerraum spielen lassen, wo sie sich besser ausbreiten kann? Damals war mir das wirklich extrem unangenehm, aber über dieses verkorkste Konzert haben wir seither viel gelacht.

Verlieren Sie alles andere – aber bitte nicht Ihren Humor. Mit Humor können Sie fast alles überstehen. Ich bin davon überzeugt, dass die gesündesten und heiligsten Menschen diejenigen sind, die besonders viel lachen.

Genießen Sie die Reise

Bevor die Empfehlungsschreiben für den pastoralen Dienst aufgesetzt wurden, wurde jeder Student am Seminar zu einem Interview eingeladen. Einer der Interviewer stellte mir eine tolle Frage: »Wenn Sie sich in einem Wort selbst beschreiben sollten, welches Adjektiv würden Sie wählen?«

Ohne auch nur einen Augenblick zu zögern, sagte ich: »Getrieben.« Damals war ich sehr stolz auf meine Antwort. Jetzt bin ich nicht mehr so stolz darauf.

Ich gebe es nur ungern zu, aber mein Ziel war, Pastor einer Gemeinde von eintausend Gemeindemitgliedern zu werden, bevor ich dreißig wurde. Jeder von uns hat seine eigene unterbewusste Definition für Erfolg. Das war meine. Und es ist nicht verkehrt, große Ziele zu haben, wenn die Motive stimmen – die Größe unserer Träume ist eine Messlatte für unsere geistliche Reife. Aber das Problem bei diesem speziellen Ziel war, dass die Zahl der Gemeindeglieder mir wichtiger war als die Menschen. Und abgesehen davon können wir ohnehin nur pflanzen und wässern. Gott schenkt dann das Wachstum (vgl. 1. Korinther 3,7).

> Es ist nicht verkehrt, große Ziele zu haben, wenn die Motive stimmen – die Größe unserer Träume ist eine Messlatte für unsere geistliche Reife.

Im ersten Jahr war ich häufig entmutigt über die Besucherzahlen. Manchmal begannen wir unseren Gottesdienst mit sechs oder acht Leuten. Ich erinnere mich noch, wie oft ich die Augen während der Anbetung geschlossen hielt, weil ich es zu deprimierend fand, sie zu öffnen. Und dann wurde mir klar, dass mein Ziel ein Trugbild war. Wenn ich mich nicht darüber freuen konnte, hier und jetzt Pastor von fünfundzwanzig Menschen zu sein, dann würde es mir vermutlich auch keine Freude machen, in ferner Zukunft einmal Pastor von eintausend Menschen zu sein. Und so fasste ich zwei Entschlüsse. Ich beschloss, dass ich in jeder Phase der beste Pastor sein wollte, der ich sein konnte. Und ich beschloss, dass ich Freude an meiner Arbeit haben wollte.

Ich weiß nicht, welche Umwege das Leben Sie geführt hat. Ich weiß nicht, welche Verzögerungen Sie erlebt haben. Vielleicht hat das Leben einige unerwartete Wendungen genommen. Vielleicht haben Sie das Gefühl, Ihre Träume sind aufgehalten oder verzögert worden. Ihr Leben verlief nicht nach Plan. Ich spüre Ihre Enttäuschung und ich fühle mit Ihnen. Aber das gehört zum Abenteuer. Diese unberechenbaren Biegungen und Wendungen im Leben können uns zum Wahnsinn treiben. Oder wir können lernen, uns über den Weg zu freuen. Das liegt ganz an uns.

Spontane Tänze

Jedes Jahr reisen wir mit unseren Mitarbeitern nach Atlanta zur *Catalyst Conference*. Vor einigen Jahren wartete unser Team am Flughafen auf den Heimflug. Ich war körperlich sehr erschöpft und freute mich darauf, meine Kinder wiederzusehen, aber wegen des Wetters mussten wir Verspätungen in Kauf nehmen. Im Flughafen drängten sich die Flugreisenden. Und alle waren frustriert. Unser Team beschloss, sich die Zeit zu vertreiben.

Einige Monate zuvor hatten unsere Mitarbeiter den Tanz aus dem Film *Napoleon Dynamite* einstudiert und ihn bei unserem jährlichen bunten Abend vorgeführt. Wir beschlossen, den Tanz noch einmal aufzuwärmen und zu tanzen. Gate 10 wurde unsere Bühne. Für unsere Mitpassagiere war das bestimmt ein faszinierendes Spektakel. Neben einigen befremdeten Blicken ernteten wir auch begeisterten Applaus!

Wir hofften nur, dass uns niemand am Flughafen kannte. Sich vor Fremden zu blamieren, ist immer einfacher. Aber natürlich kam nach dem Tanz ein Mädchen zu uns und erzählte uns, dass sie die *National Community Church* besuche. Als wir zu tanzen begonnen hatten, telefonierte sie gerade mit ihrer Freundin: »Du wirst es nicht glauben. Pastor Mark und die Mitarbeiter der *NCC* führen hier im Flughafen von Atlanta einen Tanz vor.«

So wie ich das sehe, bleiben Ihnen zwei Möglichkeiten, wenn Ihnen Ihre Lebensumstände nicht gefallen: Sie können darüber jammern oder das Beste aus ihnen machen.

George Bernard Shaw drückte es folgendermaßen aus: »Man gibt immer den Verhältnissen die Schuld für das, was man ist. Ich glaube nicht an die Verhältnisse. Diejenigen, die in der Welt vorankommen, gehen und suchen sich die Verhältnisse, die sie wollen, und wenn sie sie nicht finden können, schaffen sie sie selbst.«

Aber das ist noch nicht alles. Sie sollten nicht nur das Beste aus Ihren Verhältnissen machen, sondern auch Gott in ihnen erkennen. Er kann bewirken, dass Ihnen alles zum Besten dient. Wie lange die Verzögerung oder der Umweg dauert, spielt keine Rolle. Er kann das Beste daraus machen. Immerhin sind Schiffbrüche und Schlangenbisse seine Spezialität.

Ihre Jagd

✿ Denken Sie an ein Ereignis zurück, das Sie sehr enttäuscht hat. Könnte es Gründe dafür geben, warum Gott es zugelassen hat?

✿ Denken Sie an eine Situation, wo Sie in letzter Zeit versagt haben. Wie könnte sich dieses Versagen als Umweg und nicht als Sackgasse erweisen, wenn man Gottes Pläne miteinbezieht?

✿ Inwiefern formen die Schwierigkeiten, Enttäuschungen und Überraschungen des Lebens Sie zu dem Menschen, der Sie nach Gottes Willen sein sollen?

✿ In welcher »Klasse« sind Sie in der Schule des Vertrauens in die Souveränität Gottes? Im Gymnasium? Arbeiten Sie bereits an Ihrer Doktorarbeit? Oder basteln Sie noch Papierketten im Kindergarten?

✿ »Die unberechenbaren Biegungen und Wendungen im Leben können uns zum Wahnsinn treiben. Oder wir können lernen, uns über den Weg zu freuen.« Wie geht es Ihnen im Augenblick – werden Sie zum Wahnsinn getrieben oder haben Sie wahnsinnig viel Spaß?

Kapitel 7

Ganz viel Mut

Aus dem Käfig der Angst ausbrechen

Der Preis für unsere Vitalität ist die Summe aller unserer Ängste.

DAVID WHYTE

Zwei Psychologen von der Universität von Michigan führten eine interessante Studie durch, bei der es um Verlustängste ging.[19] Freiwillige bekamen mit Elektroden ausgestattete Hauben aufgesetzt. Dann nahmen sie an einem am Computer simulierten Wettspiel teil. Die Forscher analysierten ihre Gehirnaktivität und wie sie auf Gewinnen und Verlieren reagierten. Die Probanden konnten Einsätze von fünf oder fünfundzwanzig Cent setzen, und nachdem sie ihre Entscheidung getroffen hatten, wurde ein Feld entweder grün oder rot, je nachdem ob der Einsatz zu ihrem Gewinn addiert oder davon subtrahiert wurde.

Bei jeder Wette war innerhalb von Millisekunden eine erhöhte elektrische Aktivität in ihrem mittleren Frontalkortex festzustellen. Fasziniert waren die Forscher jedoch von der Tatsache, dass die mittlere frontale Negativität beim Verlieren stärker abfiel als die mittlere frontale Positivität nach einem Sieg. Und sie fiel sogar mit jedem Verlust noch stärker ab. Jeder Verlust wurde also durch den vorhergehenden Verlust noch verstärkt.

Die Forscher kamen zu der einfachen, aber folgenschweren Schlussfolgerung: *Verluste wiegen schwerer als Gewinne.* Mit anderen Worten, die Abneigung gegen einen Verlust einer bestimmten

Größenordnung ist größer als die Anziehungskraft eines Gewinnes derselben Größenordnung.

Vielleicht ist das eine Erklärung dafür, warum viele Menschen ihr Leben so defensiv angehen. Vielleicht fixieren wir uns deshalb eher auf begangene Sünden als auf Unterlassungssünden. Und vielleicht ist diese neurologische Tendenz der Grund dafür, warum viele von uns so zögerlich in Bezug auf den Willen Gottes sind. Anstatt dem Geist Gottes nachzujagen, lassen wir uns im Käfig der Angst festsetzen und versäumen es, Gott voller Leidenschaft nachzufolgen und herauszufinden, welches Abenteuer er beim Bau seines Reiches für uns bereithält.

Wenn es um den Willen Gottes geht, reagieren viele von uns mit großer Vorsicht. Unsere Entscheidungen werden von unseren Ängsten bestimmt – so sehr, dass wir sie lieber manchmal gleich gar nicht treffen. Dabei übersehen wir allerdings, dass auch Unentschlossenheit bereits eine Entscheidung ist. Sie hält uns im Käfig gefangen. Vielleicht müssen wir uns klarmachen, dass wir nicht gewinnen können, wenn wir nichts riskieren wollen.

> Dabei übersehen wir allerdings, dass auch Unentschlossenheit bereits eine Entscheidung ist.

Der Gemeinde Jesu Christi fehlt es nicht an Bildung oder finanziellen Mitteln. Natürlich sollten wir immer bereit sein, zu lernen, aber unser Bildungsstandard übersteigt das Maß unseres Gehorsams bei Weitem. Und natürlich sollen wir auch weiterhin spenden, aber im Grunde fehlt es uns nicht an finanziellen Mitteln, um Armut zu lindern, gegen Ungerechtigkeit anzukämpfen oder das Evangelium auszubreiten. Wissen Sie, was vielen von uns fehlt? Mut!

MUT

Wir brauchen Menschen, die größere Angst davor haben, eine Gelegenheit zu verpassen, als einen Fehler zu begehen. Menschen, die lieber vorübergehend versagen, als lebenslang Bedauern empfinden. Menschen, die es wagen, einen undenkbaren Traum zu träumen und das Unmögliche zu versuchen.

Sehen wir uns Jonatan an.

Kühne Pläne

Zu Beginn von Sauls Königtum drohten die Philister, das Volk Israel an seiner Westgrenze anzugreifen. Wer würde bereit sein, mutig etwas dagegen zu tun? Es musste dringend etwas unternommen werden.

Es begab sich eines Tages, dass Jonatan, der Sohn Sauls, zu seinem Waffenträger sprach: Komm, lass uns hinübergehen zu der Wache der Philister, die da drüben ist. Aber seinem Vater sagte er nichts. Saul aber saß am Rande des Gebietes von Gibea unter dem Granatapfelbaum, der in Migron steht; und die Leute bei ihm waren etwa sechshundert Mann. Und Ahija, der Sohn Ahitubs, des Bruders Ikabods, des Sohnes des Pinhas, des Sohnes Elis, des Priesters des Herrn zu Silo, trug den Priesterschurz. Das Volk wusste aber nicht, dass Jonatan weggegangen war. Es waren aber an dem engen Wege, wo Jonatan hinüberzugehen suchte zu der Wache der Philister, zwei Felsklippen, die eine diesseits, die andere jenseits; die eine hieß Bozez, die andere Senne. Die eine Felsklippe stand im Norden gegenüber Michmas und die andere im Süden gegenüber Geba. Und Jonatan sprach zu seinem Waffenträger: Komm, lass uns hinübergehen zu der Wache dieser Unbeschnittenen! Vielleicht wird der Herr etwas für uns tun, denn es ist dem Herrn nicht schwer, durch viel oder wenig zu helfen (1. Samuel 14,16).

> **Jonatans militärische Strategie war nicht klug durchdacht. Er lieferte sich quasi dem Feind aus, als er am helllichten Tag auf die Klippe zuging.**

Es ist nicht mein Anliegen, die Psyche einer Person, die vor Tausenden Jahren lebte, zu analysieren, aber ich denke, dass Jonatan sich in seinen Entscheidungen nicht von seinen Ängsten leiten ließ. Er ging offensiv vor. Mutig bestieg er die Klippen von Michmas und stellte sich dem Kampf mit der Armee der Philister. Und mir gefällt die Überschrift in der *Neues Leben Bibel* über dieser Geschichte: »Jonatans kühner Plan«.

Um ehrlich zu sein, mag ich Jonatans kühnen Plan deshalb so gern, weil ich mich dann besser fühle, wenn ich an meine eigenen schlechten Ideen denke. Jonatans militärische Strategie war nicht klug durchdacht. Er lieferte sich quasi dem Feind aus, als er am helllichten Tag auf die Klippe zuging. Und dann überlegte er sich folgendes Zeichen: *Werden sie aber sagen: Kommt zu uns heraus!, so wollen wir zu ihnen hinaufsteigen, dann hat sie der Herr in unsere Hände gegeben* (1. Samuel 14,10).

Tut mir leid, aber wenn ich mir ein Zeichen überlegen müsste, würde ich es gerade andersherum machen. Wenn sie *zu uns herunterkommen*, dann hat sie der Herr in unsere Hände gegeben. Oder besser noch, wenn sie *von der Klippe fallen*, dann hat der Herr sie in unsere Hände gegeben. Aber nein! Jonatans Plan ist viel komplizierter, gefährlicher und kühner.

Sind Sie schon einmal eine Klippe hochgeklettert? Ich war einmal beim Klettern und meine Hände waren nach einem Aufstieg von zwanzig Minuten zwei Stunden später immer noch verkrampft und zu Klauen gekrümmt. Es war einfach nur anstrengend. Glauben Sie mir, ich möchte nicht einen Berg hochklettern und oben noch mit dem Schwert kämpfen müssen! Außerdem gab es keine Garantie, dass Jonatan überhaupt oben auf der Klippe ankommen würde. Die Philister würden ihm bestimmt kein Seil hinunterwerfen. Selbst wenn er den Gipfel erreichte, würde Jonatan allein einem Feind gegenüberstehen, der ihm zahlenmäßig weit überlegen war, ohne Verstärkung und ohne Rückzugsplan. Es war eine schlechte Strategie, aber zugegebenermaßen ein sehr kühner Plan!

Was brachte Jonatan dazu, diese Klippe hochzuklettern? Woher nahm er den Mut? Und woher wusste er, dass es Gottes Wille war? Natürlich können wir nicht sagen, welche Gedanken ihn bewegten, aber ein Vers zeigt, was für ein Mann Jonatan war: *Vielleicht wird der Herr etwas für uns tun* (1. Samuel 14,6).

Einige von uns handeln genau entgegengesetzt. Vielleicht wird der Herr nichts für uns tun.

Diese Art, zu handeln, gefällt mir. Und ich denke, die feste Überzeugung, dass Gott sich auf seine Seite stellen würde, wenn er im Glauben losginge, gab Jonatan den Mut, die Klippe hochzuklettern.

Einige von uns handeln genau entgegengesetzt. Vielleicht wird der

Herr *nichts* für uns tun. Wir leben aus der Furcht und nicht aus dem Glauben. Und dieser Mangel an Glauben führt zu einem Mangel an Mut.

Mut oder Furcht?

Jonatan wartete nicht, dass etwas geschah. Er sorgte selbst dafür, dass etwas passierte. Er handelte mutig. Und diese eine kühne Entscheidung führte die Wende herbei. *So half der Herr Israel an diesem Tage* (1. Samuel 14,23).

Der Wille Gottes ist *kein* sicherer Plan. Es ist ein kühner Plan! Wann haben Sie das letzte Mal das elfte Kapitel des Hebräerbriefes gelesen? Nicht jede Geschichte endet mit einem sichtbaren Erfolg. Menschen wurden zersägt, gesteinigt und in Ketten ins Verlies geworfen. Aber unsere Wildgansjagd endet nicht mit dem Tod. Eigentlich ist der Tod erst der Anfang. Und diese ewige Perspektive gibt uns den Mut, aus dem Käfig auszubrechen und gefährlich für Jesus zu leben, auch wenn es den Tod bedeutet.

Manchmal wird vielleicht eine kühne Entscheidung von uns gefordert, die gefährlich oder sogar absurd erscheint. Aber wenn Sie den Mut haben, die Klippe hochzuklettern, wird der Geist Gottes oben auf Sie warten.

Wille Gottes ≠ sicherer Plan = kühner Plan

Extremer Wagemut *nötig!*

Um einen Geburtstag nachzufeiern, reisten Lora und ich für ein paar Tage in die Ewige Stadt. Zwischen ausgedehnten Mahlzeiten in Straßencafés besuchten wir historische Stätten in Rom, wo die Christen der alten Zeit wegen ihres Glaubens verfolgt wurden, bevor der Kaiser Konstantin im Jahre 313 den christlichen Glauben zur offiziellen Religion des Römischen Reiches erklärte. Wir besichtigten die Verliese, in denen die Christen gefangen gehalten wurden, die Arenen, wo sie den wilden Tieren vorgeworfen wurden, und die Katakomben, wo sie Gott in aller Heimlichkeit anbeteten und dabei ihr Leben in Gefahr brachten.

Wir vergessen leicht, woher wir kommen, finden Sie nicht auch? Ich finde, John Foxes Buch der Märtyrer[20] sollte für uns Christen des einundzwanzigsten Jahrhunderts aus den Industriestaaten Pflichtlektüre sein, weil wir die extremen Opfer, die gebracht wurden, und die großen Risiken, die unsere geistlichen Vorfahren auf sich genommen haben, nicht richtig wertschätzen.

Lesen wir Matthäus' Beschreibung der frühen Gemeinde: *Aber von den Tagen Johannes' des Täufers bis heute leidet das Himmelreich Gewalt, und die Gewalttätigen reißen es an sich* (Matthäus 11,12). Im ersten Jahrhundert war die Gemeinde durchaus kein Zufluchtsort. Im Gegenteil, wer dazugehörte, lebte gefährlich. Aber trotz der Verfolgung verhielten sich die ersten Christen offensiv.

Wenn wir zum Reich Gottes gehören, sollen wir nicht passiv sein. Im Gegenteil, wir sind aufgefordert, die Sache Christi mit Nachdruck voranzubringen. Treue bedeutet *nicht*, das Fort nur zu halten. Treue stürmt die Tore der Hölle.

Mich fasziniert eine Gruppe von Missionaren zu Beginn des zwanzigsten Jahrhunderts, die als »Einweg-Missionare« bekannt wurden. Sie packten alle ihre irdischen Besitztümer in einen Sarg und kauften eine einfache Fahrkarte zu ihrem Missionsfeld, da sie davon ausgingen, dass sie nie wieder nach Hause kommen würden. Einer dieser Missionare, A.W. Milne, fühlte sich zu einem Stamm von Kopfjägern in den Neuen Hebriden gerufen. Alle Missionare, die bisher dorthin gegangen waren, waren von diesem Stamm umgebracht worden, aber das hinderte Milne nicht daran, dem Geist Gottes nachzujagen. Fünfunddreißig Jahre lebte er unter den Eingeborenen und er kehrte nie mehr nach Hause zurück. Als der Stamm ihn begrub, setzten die Eingeborenen die folgende Inschrift auf seinen Grabstein: »Als er kam, gab es kein Licht. Als er ging, war keine Dunkelheit mehr da.«

Wann haben wir angefangen zu glauben, dass Gott uns an sichere Orte senden will und leichte Dinge von uns erwartet? Gott möchte uns an gefährliche Orte schicken, und er will, dass wir schwierige Dinge tun. Wenn Sie der Wildgans folgen, wird sie Sie dorthin führen, wo Licht und Dunkelheit aufeinanderprallen.

Deute ich da vielleicht an, dass die Kirche des einundzwanzigsten

> Wenn wir zum Reich Gottes gehören, sollen wir nicht passiv sein. Im Gegenteil, wir sind aufgefordert, die Sache Christi mit Nachdruck voranzubringen.

keine sicheren Orte

Jahrhunderts mehr wagemutige Menschen mit kühnen Plänen braucht?

Mein Freund Mike Foster folgte vor ein paar Jahren dem Geist Gottes an einen Ort der Dunkelheit. Er war sehr bekümmert über die Auswirkungen der Pornografie auf die amerikanische Kultur, darum nahm er sich vor, die Liebe Christi in diese Sparte der Filmindustrie zu bringen und »Jesus-liebt-Pornostars«-Bibeln bei Pornokonferenzen zu verteilen. Das war nun wirklich ein gewagtes Vorhaben. Mike brauchte eine große Portion Mut, um für die Heiligkeit der Sexualität einzutreten. Als er seinen XXXchurch.com-Stand bei seiner ersten Pornoshow in Las Vegas aufbaute, durchzuckte ihn der Gedanke: *Was mache ich hier eigentlich?*

> Wenn wir unseren ursprünglichen Auftrag erfüllen wollen, müssen wir die Komfortzonen unserer christlichen Ghettos verlassen und das Licht und die Liebe Christi an die dunklen Orte dieser Welt bringen.

Ich will hier ganz deutlich werden: Wenn wir unseren ursprünglichen Auftrag erfüllen wollen, müssen wir die Komfortzonen unserer christlichen Ghettos verlassen und das Licht und die Liebe Christi an die dunklen Orte dieser Welt bringen. Genau das hat Mike getan und Tausende Pornoabhängige haben als Folge davon Freiheit und Vergebung gefunden.

In den Worten C.T. Studds, eines anderen wagemutigen Missionars aus dem zwanzigsten Jahrhundert: »Einige wollen innerhalb der Reichweite der Kirchenglocke wohnen; ich möchte einen Rettungsladen im Vorhof der Hölle betreiben.« Die Kirche braucht mehr Menschen wie Studd!

Der schwere Weg

Ich denke, dass wir in Bezug auf den Willen Gottes von falschen Annahmen ausgehen. Unbewusst sind wir der Meinung, dass das Leben einfacher werden sollte, je länger wir Christus folgen. Dem muss ich widersprechen. Natürlich bin ich der Meinung, dass einige Aspekte unseres geistlichen Lebens leichter werden, wenn wir uns anhaltend in geistlichen Disziplinen üben. Aber ich denke auch, dass wir auf gefährlichere Missionen vorbereitet werden, wenn wir geistlich wachsen. Gott gibt uns immer schwierigere Aufträge.

Im vergangenen Jahr hat die *National Community Church* in Georgetown eine vierte Tochtergemeinde gegründet. Georgetown war nicht unsere erste Wahl. Als wir mit unseren Überlegungen begannen, suchten wir natürlich ganz automatisch einen Ort, wo eine Gemeindegründung ohne Schwierigkeiten durchzuführen wäre, und das war definitiv nicht Georgetown. Ich möchte nicht übertreiben, aber einer meiner Freunde, der Pastor einer Gemeinde aus der Umgebung von Georgetown ist, nennt dieses Viertel »einen Friedhof für Gemeindegründer«, weil so viele Gemeindegründungsprojekte in diesem Bezirk gescheitert sind. Georgetown gehört zu den schwierigsten Stadtteilen von Washington. Doch nach Monaten des Betens, einigen verschlossenen Türen und einem uns von Gott geschenkten Traum kamen wir zu dem Schluss, dass der Weg des geringsten Widerstands der falsche Weg für uns war. Ich will damit nicht sagen, dass wir an den Orten, in denen wir mit dem größten Wachstum rechnen können, keine Gemeinden gründen sollten, aber manchmal beruft uns Gott zu etwas Schwierigerem oder er schickt uns an einen gefährlichen Ort. Selten führt uns der Heilige Geist den Weg des geringsten Widerstands. Das entspricht nicht seinem Wesen. Ihre Wildgansjagd wird Sie vermutlich über eine wenig bereiste Straße führen. Sie werden eine Klippe hochklettern oder einen Kampf mit dem Feind aufnehmen müssen. Doch Sie werden zu einem einfachen Schluss kommen: Der schwere Weg ist der beste Weg.

Vor einiger Zeit waren wir als Familie im Einkaufszentrum, um unseren Kindern bei *Cartoon Cuts* die Haare schneiden zu lassen. Unterwegs kamen wir an einem Brookstone-Elektroladen vorbei. Ich liebe es, bei Brookstone herumzustöbern. Ich weiß nicht, ob ich tatsächlich jemals dort etwas gekauft habe, aber die Massagestühle sind einfach herrlich. Dieser spezielle Tag schien unser Glückstag zu sein, denn alle fünf Massagestühle waren frei. So verbrachte unsere ganze Familie eine Viertelstunde beim »Einkaufen« im Brookstone-Markt. Au-

> Selten führt uns der Heilige Geist den Weg des geringsten Widerstand.s Das entspricht nicht seinem Wesen.

ßerdem wurde im Laden noch eine *80s Forever*-CD gespielt. Was will man mehr.

Jeder lässt sich dann und wann gern ein wenig verwöhnen. Und es ist auch nicht verkehrt, sich eine Massage in einem Massagestuhl zu gönnen. Aber macht so etwas das Leben aus? Halten Sie doch einmal inne und überlegen Sie: Welches sind Ihre liebsten Erinnerungen? Es sind bestimmt nicht Ihre leichten Siege oder die kleinen Herausforderungen, oder? Die besten Erinnerungen sind diejenigen an die schwierigsten Siege und größten Herausforderungen. Befriedigende Tage sind nicht die Tage, an denen wir nichts zu tun hatten. Die befriedigendsten Tage sind die, wo viel Arbeit auf uns wartete und wir alles geschafft haben.

Vor einigen Jahren fuhr ich mit einem Team nach Addis Abeba, der Hauptstadt von Äthiopien, um dort humanitäre Hilfe zu leisten. Eines der Projekte war der Bau eines Lehmhäuschens für eine gebückte alte Großmutter, die den größten Teil ihres Lebens in einer verfallenen alten, etwa fünf Quadratmeter großen Hütte verbracht hatte. Es gab dort kein fließend Wasser und keine Elektrizität. Und der Boden bestand aus gestampftem Lehm. Aber am Ende des Tages hatte sie ein neues Zinndach über ihrem Kopf und neue Lehmwände. Und ihre Reaktion war so überschwänglich, als hätten wir ihr gerade ein Herrenhaus im Himmel gebaut! Dieser Tag gehört zu den denkwürdigsten meines Lebens, weil er mich körperlich extrem forderte. Die Arbeit begann kurz nach Sonnenaufgang und wir schufteten bis weit nach Sonnenuntergang. Wir mischten Lehm und Heu mit den Füßen. Das war wie zwölf Stunden auf einem Stepper bei maximaler Steigung. Meine Oberschenkel protestierten. Es war Knochenarbeit. Der Lehm wurde ohne die Hilfe von Schubkarren transportiert und mit den bloßen Händen an die Wände geworfen. Als wir fertig waren, war ich über und über mit Dreck beschmiert und roch wie die Lehmhütte.

Doch an diesem Abend schlief ich ein mit dem Gefühl einer tiefen geistlichen Zufriedenheit, die ich nicht in Worte fassen kann. Ich war zutiefst erschöpft, aber ich war glücklich, dass ich zumindest ein Viertel des Gebots: *Du sollst den Herrn, deinen Gott, lieben (…) von allen deinen Kräften* (Markus 12,30), erfüllt hatte.

Vermutlich ist Jonatan, nachdem er diese Klippe hochgeklettert war und gegen die Philister gekämpft hatte, völlig fertig auf sein Lager gesunken. Bestimmt spürte er jeden Muskel, während er die Ereignisse des Tages noch einmal an sich vorbeiziehen ließ. Nie war er erschöpfter gewesen. Aber er war auch noch nie so beschwingt gewesen. Er hatte einen heiligen Adrenalinstoß bekommen, wie auch wir ihn bekommen können, wenn wir aus dem Käfig ausbrechen und dem Geist Gottes folgen.

> Er hatte einen heiligen Adrenalinstoß bekommen, wie auch wir ihn bekommen können, wenn wir aus dem Käfig ausbrechen und dem Geist Gottes folgen.

Zuschauersport —▷ *Saul -als König- saß dumm rum*

Saul aber saß am Rande des Gebietes von Gibea unter dem Granatapfelbaum, der in Migron steht (1. Samuel 14,2).

Was für ein Kontrast! Was Saul *nicht tat,* war beinahe so bedeutsam wie das, was Jonatan *tat.* Während sein Sohn auf die Klippe kletterte und dem Feind gegenübertrat, saß Saul unter einem Granatapfelbaum am Rande von Gibea. Ich stelle mir vor, wie Saul sich Granatapfelkerne in den Mund warf und sich mit Palmblättern Luft zufächelte.

Erkennen Sie, was an diesem Bild nicht stimmt?

Die Philister hatten die Kontrolle über den Pass bei Michmas. Und als Oberbefehlshaber der israelitischen Armee hätte Saul kämpfen müssen, anstatt abzuschalten. Doch er saß am Rande, anstatt in vorderster Front zu kämpfen. Und das war kein Einzelfall. Auch als David gegen Goliat antrat, saß Saul abseits. In meinen Augen befand er sich geistlich auf den Zuschauerrängen.[21] Anstatt zu spielen, um zu gewinnen, spielte Saul nur, um nicht zu verlieren. Er sah lediglich zu und gab sich damit zufrieden, seine Schlachten von anderen austragen zu lassen.

Ich habe die Befürchtung, dass wir auch in der Gemeinde die Plätze auf den Zuschauerrängen eingenommen haben. Ich meine das nicht als Kritik, sondern als Herausforderung. Viele von uns überlassen es ihren geistlichen Leitern, Gott zu suchen. Wie die Israeliten wünschen wir uns, dass Mose für uns auf den Berg steigt (vgl. 2. Mose 20,18-19). Denn es ist ja viel leichter, wenn andere das Beten und Bibellesen übernehmen. Auf diese Weise fördert die Kirche unbeabsichtigt eine leichte Form der geistlichen Koabhängigkeit.

Keinesfalls will ich bestreiten, dass die Gemeinde eine wichtige Rolle im geistlichen Rhythmus unseres Lebens spielt (vgl. Hebräer 10,25). Und wir erleben eine einzigartige Synergie, wenn wir als Nachfolgerinnen und Nachfolger Christi zusammenkommen und Gott gemeinsam anbeten. Aber glauben Sie wirklich, dass Gottes höchster Traum für unser Leben ist, uns jede Woche neunzig Minuten lang in der Kirchenbank sitzen, auf eine Predigt hören und ein paar Lieder singen zu sehen? Ist das das Barometer geistlicher Reife? Auf keinen Fall!

> Glauben Sie wirklich, dass Gottes höchster Traum für unser Leben ist, uns jede Woche neunzig Minuten lang in der Kirchenbank sitzen, auf eine Predigt hören und ein paar Lieder singen zu sehen?

Ich frage mich, ob wir vergessen haben, dass wir die Gegenwart Gottes nicht verlassen, wenn wir aus dem Gemeindegebäude gehen. Wir nehmen die Gegenwart Gottes mit, wo immer er uns hinführt.

Wir stehen in der Gefahr, die Kirche als Endzweck zu sehen und nicht als Mittel zum Zweck. Wir gehen zur Gemeinde in der Überzeugung, unsere religiöse Pflicht erfüllt zu haben. Wir lernen mehr und tun weniger und denken, dass wir Gottes Plan für unser Leben erfüllen.

Geistliche Zuschauerschaft nimmt viele Formen an, und einige davon erscheinen sogar richtig nobel. Natürlich denke ich, dass unsere Spenden an Missionsgesellschaften die besten finanziellen Investitionen sind, die wir machen können. Aber wie bei allem anderen auch können wir aus falschen Motiven heraus geben. Manchmal frage ich mich, ob wir nicht mit unseren Spenden unser Gewissen besänftigen wollen. Wir geben Geld, damit ein anderer in die Mission geht. Doch wenn Gott uns eigentlich den Auftrag gegeben hat, selbst zu gehen, und wenn wir dann nur eine Spende geben, dann ist das eine Form von Ungehorsam.

Ich glaube, in jedem von uns steckt ein kleiner Saul. Auf der einen Seite wünschen wir uns, dass Gott den Feind besiegt, während wir unter dem Granatapfelbaum am Rande Gibeas sitzen. Wir möchten, dass er etwas für uns tut, ohne dass wir etwas für ihn tun müssen. Aber wenn wir nicht selbst aktiv werden, wird nichts geschehen.

Sie müssen die Initiative ergreifen. Sie müssen die Klippe hochsteigen. Sie müssen den Kampf aufnehmen.

Der Dominoeffekt

Am 31. Oktober 1517 stellte sich ein Mönch mit Namen Martin Luther dem Kampf. Er hatte den Mut, den Status quo infrage zu stellen, indem er den Ablasshandel anprangerte. Als er fünfundneunzig Thesen an die Schlosskirche von Wittenberg schlug, setzte er die protestantische Reformation in Gang.

Ich bin kein Historiker und interessiere mich auch nicht besonders für Geschichte, aber ich habe etwas beobachtet: Kleine, kühne Taten können den Lauf der Dinge verändern. Eine Person beweist Mut und etwas kommt in Gang. Martin Luther wusste bestimmt nicht, dass er Geschichte schrieb, als er Geschichte schrieb. Er tat, was er für richtig hielt, ohne Rücksicht auf die Umstände oder Konsequenzen.

Irgendwann hat man genug. Man will nicht länger nur spielen, um nicht zu verlieren. Man will den Status quo nicht mehr erhalten. Die eigene Bequemlichkeit soll nicht mehr das Kriterium für Entscheidungen sein. Genau das ist der Zeitpunkt, wo man aufstehen, einschreiten oder heraustreten muss.

Auf dem Reichstag zu Worms im Jahre 1521 wurde Martin Luther vom römischen Kaiser Karl V. wegen seiner Überzeugungen vor Gericht gestellt. Aber anstatt alles zu widerrufen, brachte Luther den Mut auf, zu seiner Überzeugung zu stehen. »Widerrufen kann ich nichts und will ich nichts, weil wider das Gewissen zu handeln beschwerlich, unsicher und nicht lauter ist. Hier stehe ich, ich kann nicht anders, Gott helfe mir. Amen.«

Ich möchte jetzt gern etwas persönlicher werden. Welche Klippe müssen Sie besteigen? Wo müssen Sie Ihren Standpunkt verteidigen,

> **Welche Klippe müssen Sie besteigen? Welche mutige Tat könnte den Kurs Ihres Lebens verändern?**

anstatt zurückzuweichen? Welche mutige Tat könnte den Kurs Ihres Lebens verändern?

Wie mein Freund Craig Groeschel, Pastor von *LifeChurch.tv*, sagt: »Um von dem Ort, an dem Sie stehen, zu dem Ort zu gelangen, an dem Gott Sie haben möchte, müssen Sie vielleicht eine schmerzliche Entscheidung treffen, vor der Sie sich drücken.«

Besonnener Mut

Zunächst möchte ich zwischen zwei Arten von Mut unterscheiden: dem unbesonnenen Mut und dem besonnenen Mut. Ganz bestimmt bin ich kein Verfechter der Art von Mut, die viel Schneid und wenig Intelligenz erfordert.

Als ich die Highschool besuchte, fuhr ich einen Wagen, den ich liebevoll *Batmobile* nannte. Aber lassen Sie sich von dem Namen nicht irreführen. Es war ein Kleinwagen, ein *Dodge Colt*, Baujahr 1984. Ich weiß zwar nicht mehr genau, was für einen Motor er hatte, aber ich bin ziemlich sicher, dass es kein Gokart- oder Rasenmähermotor war! Doch trotz der PS-Beschränkungen konnte ich Erstaunliches damit anstellen.

Eines Abends fuhr ich nach einem Schneesturm mit Freunden über den Parkplatz eines Einkaufszentrums. Die Schneepflüge hatten die Straßen bereits geräumt, daher türmten sich riesige Schneeberge am Rand des Parkplatzes. In diesem Augenblick stellte einer meiner Freunde eine tiefsinnige Frage:»Ob man wohl mit einem Auto durch einen Schneeberg hindurchfahren kann?« Ich beschloss, eine Antwort auf diese Frage zu finden, und setzte den Wagen etwa fünfzig Meter zurück, beschleunigte auf fünfzig Stundenkilometer und … nun, meine Freunde berichteten mir, dass es die unglaublichste Explosion gewesen sei, die sie je gesehen hätten. Stellen Sie sich eine gut geschüttelte Schneekugel vor, dann verstehen Sie, was ich meine.

Ich stellte fest, dass man nicht durch einen Schneeberg hindurchfahren kann. Und wenn man es versucht (was ich nicht empfehle), wird der Wagen vermutlich auf dem Schneeberg landen, in einem höchst ungewöhnlichen Neigungswinkel. Und wenn dann der Fahrer des Abschleppwagens das Fahrzeug sieht, wird er wahrscheinlich verwirrt dreinblicken: *Wie um alles in der Welt ist dieser Wagen da hinaufgekommen?*

Ich brauchte viel Mut, um in diesen Schneeberg hineinzufahren – sehr viel unbesonnenen Mut! Unbesonnener Mut bedeutet, ein Risiko für nichts einzugehen. Da ist keine Voraussicht. Und kein Gewinn. Es ist die Art von Mut, bei der man nicht über die Konsequenzen nachdenkt.

Besonnener Mut dagegen wägt die Kosten ab, schätzt das Verhältnis von Risiko und Gewinn ein und lässt die erforderliche Sorgfalt walten.

> Besonnener Mut dagegen wägt die Kosten ab, schätzt das Verhältnis von Risiko und Gewinn ein und lässt die erforderliche Sorgfalt walten.

Offensiv spielen = auf Gewinn spielen

Wenn Sie dem Geist Gottes nachjagen wollen, müssen Sie in Ihrem Leben offensiv vorgehen. Wenn es Ihnen nur darum geht, nicht zu verlieren, wird es nichts werden. Sie müssen auf Gewinn spielen! — *auf Gewinn spielen*

An einem Punkt Ihrer geistlichen Reise müssen Sie den Entschluss fassen, den Käfig zu verlassen. Sie müssen aus der Defensive kommen und Risiken für Jesus auf sich nehmen. Sie müssen aufhören, die Vergangenheit zu wiederholen, und anfangen, die Zukunft zu gestalten. Sie müssen aufhören, das Leben geschehen zu lassen, und anfangen, selbst die Initiative zu ergreifen.

Ted Leonsis ist ein prominenter Bürger Washingtons, der als Manager von AOL ein Vermögen verdient hat. Er ist als Unternehmer und Menschenfreund hoch angesehen. Und er nennt eine unserer lokalen Sportmannschaften sein Eigen, das *Washington Capitals Hockey Team.*

Ted hat unglaublich viel drauf. Ich möchte Ihnen erzählen, wie es kam, dass er so erfolgreich wurde. Eine Nahtoderfahrung ließ ihn in die Offensive gehen. Im Jahr 1983 saß der fünfundzwanzigjährige Ted Leonsis in einem Flugzeug der *Eastern Airlines*, bei der sowohl die Landeklappen wie auch das Fahrwerk blockiert waren. Während das Kabinenpersonal die Passagiere auf eine Bruchlandung vorbereitete, überlegte Ted, was er tun würde, falls er überleben sollte. »Ich nahm mir vor, dass ich, falls ich nicht sterben sollte, für den Rest meines Lebens in die Offensive gehen würde.«

Leonsis überlebte die Bruchlandung und löste sein Versprechen ein. Er stellte eine Liste mit 101 Lebenszielen zusammen.[22] Heute hat Leonsis vierundsiebzig Ziele seiner ursprünglichen Liste erreicht. Und dabei handelte es sich nicht um Feld-, Wald- und Wiesenziele. Es sind große, haarige, wagemutige Ziele.[23] Hier sind einige von Ted Leonsis' Zielen:

❀ Die größte Mediengesellschaft der Welt gründen.
❀ Einen Jet besitzen.
❀ 1 Million Dollar an die Georgetown-Universität spenden.
❀ Eine Familienstiftung gründen.
❀ Eine Sportmannschaft besitzen.
❀ Eine Fernsehshow produzieren.
❀ Ein Wahlbüro unterhalten.
❀ Ein Einkommen von 100 Millionen Dollar haben nach Abzug von Steuern. (Nebenbei bemerkt, ich wäre schon zufrieden mit 100 Millionen Dollar *vor* Steuern!)

Mir gefällt Leonsis' Liste mit Lebenszielen. Sie inspirierte mich dazu, meine eigene Liste zu machen.[24] Und ich möchte Ihnen Mut machen, auch eine Liste mit Lebenszielen zusammenzustellen. So kann man Leonsis' Motto, im Leben in die Offensive zu gehen, in die Tat umsetzen.

Wissen Sie, warum die meisten von uns in ihrem Leben nicht offensiv spielen? Der Grund ist einfach. Wir haben uns keine Ziele gesteckt. Ich weiß, dass nicht jeder von uns von der Persönlichkeit her total zielgerichtet ist. Aber wenn Sie bis hierher gelesen haben, dann kann ich, denke ich, auch noch einen Schritt weiter gehen: Wer keine

156 *Lebensziele stecken! / = Glaubensziele*
sonst kann man nicht offensiv spielen

Ziele hat, hat keinen Glauben. In der Bibel wird uns gesagt: *Es ist aber der Glaube eine feste Zuversicht auf das, was man hofft* (Hebräer 11,1). Doch die meisten von uns können zwar sehr genau benennen, wovor sie Angst haben, ihre Hoffnungen aber nicht in Worte fassen.

> **Wer keine Ziele hat, hat keinen Glauben.**

Wissen Sie, warum viele von uns ihre Ziele niemals erreichen? Weil sie gar keine haben. Wir wünschen uns Erfolg. Doch wir haben uns nie die Zeit genommen zu definieren, wie Erfolg in Bezug auf unsere berufliche Tätigkeit, unsere Beziehungen und unser geistliches Leben aussehen könnte.

In den Sprüchen lesen wir: *Wo keine Offenbarung ist, wird das Volk wild und wüst* (Sprüche 29,18). Die Wörter »wild und wüst« beschreiben einen Zerfall, keinen Aufbau. Doch eine von Gott geschenkte Vision baut uns auf. Sie hilft uns, offensiv zu bleiben.

Sie brauchen eine Vision für Ihre Ehe. Sie brauchen eine Vision für Ihre Familie. Sie brauchen eine Vision für Ihre Karriere. Und Sie brauchen eine Vision für Ihr Leben.

Viele von uns leben planlos und nicht zielgerichtet. Darum gehen wir defensiv durchs Leben, nicht offensiv. Aber eines weiß ich ganz sicher: Sie können keine Ziele erreichen, wenn Sie sich keine gesteckt haben.

Natürlich möchte ich Sie nicht dazu ermutigen, sich einen Haufen selbstsüchtiger Ziele zu setzen. Denn Gott wird Sie nicht segnen und Sie wären geistlich besser dran, wenn Sie sie nicht erreichen würden. Ich spreche nicht von Zielen, die der Geist des Menschen ersinnt. Ich spreche von Glaubenszielen, die wir mit Gott nach intensivem Gebet stecken und die von dem Wunsch motiviert sind, Ihr Ihnen von Gott gegebenes Potenzial auszuschöpfen. Das übergeordnete Ziel sollte sein, Gott zu verherrlichen.

Vertun Sie sich da nicht. Selbstsüchtiger Ehrgeiz ist schlecht (vgl. Philipper 2,3). Aber von Gott gegebener Ehrgeiz ist gut. Mir ist noch keiner begegnet, der zu eifrig für die Sache Gottes gewesen wäre. Wir müssen große Träume für Gott träumen – nicht, weil wir uns selbst einen Namen machen wollen. Eigennützige Ziele führen immer zu oberflächlichen Siegen. Wir müssen große Träume für Gott träumen, weil nur sie uns auf die Knie zwingen und uns dazu bringen, in vollkommener Abhängigkeit von Gott zu leben.

> Wir müssen große Träume für Gott träumen, weil nur sie uns auf die Knie zwingen und uns dazu bringen, in vollkommener Abhängigkeit von Gott zu leben.

Ich persönlich bin davon überzeugt, dass eine Vision uns vor Sünde schützen kann. Viele von uns verstricken sich in Sünde, weil sie zu wenig von Gott geschenkte Visionen haben, die sie in Bewegung halten. Je mehr Visionen wir haben, desto weniger werden wir sündigen. Und je weniger Visionen wir haben, desto mehr werden wir sündigen. Visionen von Gott helfen uns, geistlich in der Offensive zu bleiben.

Viel zu häufig versuchen wir, nicht zu sündigen, indem wir nicht sündigen. So etwas nennen die Psychologen eine Doppelbindung. Es ist, als würde man zu uns sagen: »Sei spontan.« Wenn wir aufgefordert wurden, spontan zu sein, sind wir nicht mehr spontan! Wir wenden uns nicht von der Sünde ab, indem wir uns darauf konzentrieren, nicht zu sündigen. Wir wenden uns von der Sünde ab, indem wir eine große Vision für Gott entwickeln, die unsere ganze Zeit und Energie in Anspruch nimmt.

Das große Ziel

Ich weiß, was Sie jetzt vielleicht denken: Ich finde diese Idee, im Leben in die Offensive zu gehen, ja gut, aber ich bin nicht Jonatan.

Mir ist klar, dass nicht jeder von uns ein Jonatan sein kann. Aber wir alle können zumindest Waffenträger sein. Mir gefällt die Reaktion des Waffenträgers auf Jonatans Bitte: *Geh nur hin! Siehe, ich bin mit dir, wie dein Herz will* (1. Samuel 14,7). Ohne seinen Waffenträger hätte Jonatan die Klippe niemals bestiegen.

Ganz allein schaffen Sie es nicht, dahin zu kommen, wo Gott Sie haben möchte. Die meisten meiner Lebensziele schließen meine Frau und meine Kinder mit ein. Warum? Weil die Aufgabe, zusammen etwas zu erreichen, ein Ziel zu einer gemeinsamen Mission macht.

Ich möchte Sie herausfordern, Ihre Lebensziele in einer Liste zusammenzutragen. Aber ich möchte Ihnen auch wieder neu bewusst

Missionsbefehl – Visionsbefehl

machen, dass Sie Teil des größten Zieles sind, das je formuliert wurde. Keiner hat größere Träume geträumt als Jesus. Ich kenne kein unglaublicheres Ziel als das Ziel, das Jesus von Nazareth im ersten Jahrhundert formuliert hat: _Gehet hin in alle Welt und predigt das Evangelium aller Kreatur_ (Markus 16,15).

Wir nennen diese Stelle den Missionsbefehl, aber wenn es hilft, betrachten Sie sie doch als _Visionsbefehl_. In dem Augenblick, da wir unseren Glauben auf Christus setzen, haben wir ein Ziel, an dessen Verwirklichung wir arbeiten können. Wir werden Teil von etwas, das viel größer und viel wichtiger ist als wir. Vielleicht fällt es Ihnen schwer, Erfolg zu definieren und Ziele zu setzen. Vielleicht wissen Sie nicht, was Sie wollen. Vielleicht haben Sie das Gefühl, dass Ihre Kompassnadel sich wild im Kreise dreht. Ich möchte Sie nur daran erinnern, dass Sie Teil des größten Traumes sind, der je geträumt wurde.

Also leben Sie mit einer guten Portion Mut. Hören Sie auf, defensiv zu spielen, und fangen Sie an, in die Offensive zu gehen!

Ihre Jagd

- ❀ Würden Sie sagen, dass Sie in Bezug auf den Willen Gottes eher Angst haben, Gelegenheiten zu verpassen, als Fehler zu machen? Warum oder warum nicht?
- ❀ Denken Sie an eine Zeit in der Vergangenheit, als Sie etwas Wagemutiges für Gott getan haben. Was ist dabei herausgekommen? Was empfinden Sie im Rückblick in Bezug auf diese Erfahrung?
- ❀ Würden Sie im Moment gern etwas Kühnes für Gott tun? Welche Ängste stehen Ihnen dabei im Weg? Was möchte Ihnen Gott Ihrer Meinung nach zu diesen Ängsten sagen?
- ❀ Haben Sie eine Liste mit Lebenszielen? Wenn ja, was steht auf ihr? Wenn nicht, welches wären die ersten zehn Ziele, die Sie gern auf eine solche Liste setzen würden?
- ❀ Wie geht Ihre Wildgansjagd weiter, wenn Sie Ihrer von Gott gegebenen Vision folgen?

Epilog

Die Madonna der Zukunft

Meine tiefste Überzeugung ist, dass es uns frei macht,
wenn wir leben, als würden wir sterben.

> ANNE LAMOTT

Henry James schrieb eine Geschichte mit dem Titel »Die Madonna der Zukunft«. Darin geht es um eine Künstlerin, die ihr ganzes Leben einem einzigen Gemälde widmet. Doch als die Künstlerin stirbt, ist ihre Leinwand immer noch leer. Das Bild wurde nicht fertig, weil die Künstlerin nie damit begonnen hatte.

Lord Acton, ein Historiker aus dem neunzehnten Jahrhundert, lieh sich James' Titel aus, um sein eigenes Lebenswerk zu beschreiben. Dieser bemerkenswerte Denker (in Washington bekannt für seinen Aphorismus: »Macht korrumpiert und absolute Macht korrumpiert absolut«) verfasste zahlreiche Vorträge, Essays und Rezensionen. Aber er veröffentlichte selbst kein einziges Buch. Und er bezeichnete sein Lebenswerk, *A History of Liberty*[25], als seine »Madonna der Zukunft«. Viele halten es für das »bedeutendste Buch, das nie geschrieben wurde.« Wie Daniel Boorstin schreibt, war Lord Acton »immer frustriert über die Unvollkommenheit des Materials und er hielt sein Werk zurück wegen neuer Fakten und Ideen, die noch ausstanden«[26]. Boorstin war der Meinung, Lord Acton habe zu viel gewusst, um zu schreiben. Und so wurde sein Lebenswerk, die Zusammenführung seines Wissens und seiner Erfahrungen, zu einer »Madonna der Zukunft«.

Und jetzt frage ich Sie: Welches ist Ihre unbemalte Leinwand oder

Ihr ungeschriebenes Buch? Auf welchem Ihnen von Gott gegebenen Traum sammelt sich Staub an? Welche Ihnen von Gott gegebene Leidenschaft bleibt im Käfig eingesperrt?

Ich kann nicht sagen, welches Ihre »Madonna der Zukunft« ist. Aber eines weiß ich ganz sicher: Sie werden nie etwas zu Ende bringen, wenn Sie gar nicht erst anfangen. Leider ist genau das der Punkt, wo so viele von uns stecken bleiben. Es gelingt uns nicht, den ersten Schritt zu tun, und so brechen wir gar nicht erst auf zu unserer Wildgansjagd. Anstatt das Abenteuer zu suchen, finden wir uns mit der Routine ab. Anstatt unser Leben offensiv anzugehen, spielen wir defensiv. Und anstatt aus dem Glauben zu leben, lassen wir unsere Entscheidungen von unseren Ängsten bestimmen.

Der letzte Tag Ihres Lebens

Mir gefällt Frederick Buechners Lebensperspektive. Er sagte: »Heute ist der erste Tag Ihres Lebens, weil es ihn noch nie gab, und heute ist der letzte Tag Ihres Lebens, weil er nie wieder kommen wird.« Was für ein guter Blick auf das Heute! Und was für ein toller Ansatz fürs Leben!

Wie wäre es, wenn wir jeden Tag als den ersten und letzten Tag unseres Lebens sehen würden? Wie würde sich diese Einstellung auf den Umgang mit den Menschen in unserer Umgebung auswirken? Auf unseren Umgang mit unserer Zeit? Auf die Prioritäten in unserem Leben?

Im krassen Kontrast zu Lord Acton ist Évariste Galois ein Beispiel dafür, was an einem einzigen Tag erreicht werden kann. Am 29. Mai 1832 setzte sich Galois hin und verfasste ein sechzig Seiten umfassendes mathematisches Meisterwerk. In einer Nacht schaffte er mehr als die meisten Menschen in einem ganzen Leben. »Was er in jenen verzweifelten Stunden vor Sonnenaufgang schrieb«, heißt es bei Eric Bell, »wird Generationen von Mathematikern Hunderte Jahre beschäftigen.«[27]

Und wie kam es dazu? Pescheux d'Herbinville[28] hatte Galois zum Duell gefordert, und Galois wusste, dass dies vielleicht die letzte Gelegenheit war, der Welt ein Vermächtnis zu hinterlassen. Er ging den 29. Mai 1832 an, als wäre es der letzte Tag seines Lebens. An den Rand seines Papiers kritzelte er mehrmals: »Ich habe keine Zeit, ich habe keine Zeit.« Er schrieb wie besessen und stellte sein Werk drei Stunden vor Sonnenaufgang fertig.

Galois starb am folgenden Tag an den Folgen einer Schussverletzung.

Der Tod bringt auf einzigartige Weise Verzweiflung und Klarheit in unser Leben. Er holt alles aus uns heraus. Er bringt uns dazu, unsere Prioritäten neu zu ordnen. Und seltsamerweise kosten wir im Angesicht des Todes das Leben viel intensiver aus. Warum also warten viele von uns, bis wir dem Tod nahe sind, bevor wir anfangen, richtig zu leben?

Worauf warten wir?

Ich habe es bereits gesagt. Ich glaube nicht, dass Ihr Todesdatum unbedingt das Datum ist, das auf Ihrem Grabstein stehen wird. Die meisten Menschen sterben lange davor. Und im gleichen Sinne fangen die meisten Menschen erst lange nach dem Datum, das auf ihrer Geburtsurkunde steht, zu leben an – oder vielmehr lange nachdem sie zu verantwortungsbewussten Erwachsenen herangewachsen sind. Erst wenn wir aus unserem Käfig, der uns gefangen hält, ausbrechen, werden wir ein fruchtbares und erfülltes Leben führen können. Wenn Sie anfangen, dem Geist Gottes nachzujagen, werden Sie auf eine Art lebendig, wie Sie es nie zuvor erlebt haben. Authentisches Leben und spannende Abenteuer beginnen, wenn Sie aus dem Geist geboren sind und der Wildgans folgen (vgl. Johannes 3,8).

Hasen jagen, Gänse jagen

Vor einiger Zeit las ich ein Interview mit Dallas Willard. Er erzählte von einem Hunderennen, das vor ein paar Jahren in Florida stattfand:

> Ich mag diese Geschichte von einem Hunderennen in Florida. Die Hunde werden darauf trainiert, einen elektronischen Hasen zu jagen. Bei einem Rennen ging der Hase kaputt und die Hunde holten

ihn ein. Aber sie wussten nicht, was sie damit anstellen sollten. Sie sprangen herum, kläfften und bissen sich gegenseitig. Sie waren vollkommen verwirrt, konnten nicht einordnen, was da gerade geschah. Ich denke, das ist ein Beispiel für das, was die Menschen erleben, wenn sie den Hasen in ihrem Leben plötzlich fangen. Ob es nun Reichtum, Ruhm, Schönheit, ein größeres Haus oder was auch immer ist, es ist nicht das, was sie sich davon versprochen haben. Und wenn sie es schließlich erreicht haben, wissen sie nicht, was sie mit ihrem Leben anstellen sollen. Da ist ein unguter Ausgang vorprogrammiert: Die Menschen brauchen einen Hasen, der nicht versagt. Aber den können ihnen die oberflächlichen Werte dieser Welt nicht wirklich geben.[29]

Letztendlich ist der einzige »Hase«, der es wert ist, gejagt zu werden, eine Gans – die Wildgans.

Wussten Sie, dass israelische Wissenschaftler einen genetischen Code (DRD4) entschlüsselt haben, der unsere Ursehnsucht nach Abenteuer erklären könnte? Auch wenn die Forschung noch nicht abgeschlossen ist, scheint es, dass unser Bedürfnis nach Abenteuer in Gottes genetischem Bauplan begründet liegt. Wir sind von Natur aus abenteuerlustige Geschöpfe. So sind wir gestrickt. Wir brauchen ein wenig Gefahr, eine Herausforderung, ein Risiko. Und nur der Eine, der uns mit dieser Sehnsucht geschaffen hat, kann sie auch stillen: Gott selbst.

Jede andere Jagd wird Sie mit einem Gefühl der Leere zurücklassen. Jede andere Jagd wird Ihnen das nagende Gefühl geben, dass irgendetwas fehlt. Warum? Weil alles andere irgendwann eingefangen oder bezwungen werden kann – nur die Wildgans nicht. Der Geist Gottes ist nicht zu greifen. Und darum lohnt es sich, ihm nachzujagen.

A.W. Tozer schreibt: »Die Ewigkeit wird nicht lang genug sein, um Gott ganz zu erfahren oder ihn für alles zu preisen, was er getan hat.«

Noch mal die sechs Käfige

Also, was hält Sie im Käfig gefangen?

Nachdem Sie *Lebe gefährlich!* gelesen haben, haben Sie hoffentlich nicht nur die Käfige identifiziert, die verhindern, dass Sie die geistlichen Abenteuer erleben, die Gott für Sie bereithält. Ich hoffe, Sie haben sich auch überlegt, was Sie tun können, um aus ihnen auszubrechen.

Ihre Wildgansjagd kann beginnen, wenn Sie den *Käfig der Verantwortlichkeit* verlassen und wie Nehemia den Ihnen von Gott geschenkten Leidenschaften folgen. Was macht Sie traurig, zornig oder froh? Und wie wollen Sie aktiv werden? Viel zu oft lassen wir uns durch unsere menschlichen Verpflichtungen davon abhalten, unserer ersten Berufung gerecht zu werden: den Leidenschaften zu folgen, die Gott uns ins Herz gelegt hat. Vielleicht ist es an der Zeit, das Beten einzustellen und aktiv zu werden. Ich verspreche Ihnen Folgendes: Wenn Sie im Glauben den ersten Schritt tun, werden diesem Zeichen folgen.

Vielleicht hängen Sie auch im *Käfig der Routine* fest. Irgendwo unterwegs wurde Ihre Beziehung zu Gott zur Pflichtübung und ist kein Abenteuer mehr. Wenn Sie diese Routine nicht durchbrechen, werden Sie irgendwann aufhören, zu leben, und nur noch existieren. Was müssen Sie in Ihrem Leben verändern? Vielleicht kann Ihnen eine Drosselung Ihres Tempos oder ein Ortswechsel eine neue Lebensperspektive vermitteln. Mein Rat: Ziehen Sie Ihre Sandalen aus und werfen Sie Ihren Stab zu Boden. Ergreifen Sie radikale Maßnahmen, um Ihr Leben zu vereinfachen. Schaffen Sie Raum für geistliche Spontaneität. Und lernen Sie, auf Gott zu hören.

Zweifellos sitzen einige von uns im *Käfig der Annahmen* fest. Drei Meter hohe Decken stehen zwischen uns und Gott. Wo haben Sie Gott in Ihrem Bild geschaffen? Und wo muss Gott Sie in seinem Bild neu schaffen? Wo müssen Sie gegen alle Hoffnung an der Hoffnung festhalten? Und welche persönlichen Annahmen müssen Sie hinterfragen? Lassen Sie es mich noch einmal betonen: Sie werden nie gut genug, klug genug oder erfahren genug sein. Aber hier geht es nicht um Ihre Qualifikation. Wenn Sie dem Geist Gottes nachjagen, ist das Beste, was Sie tun können, nicht mehr Ihr Bestes; Ihr Bestes ist das

Beste, was Gott tun kann. Und Gott kann unermesslich mehr tun, als Sie bitten oder sich vorstellen können.

Ein Käfig, in dem sich viele von uns wiederfinden, ist der *Käfig der Schuld*. Satan möchte uns immer wieder an unsere Fehler der Vergangenheit erinnern. Warum? Um uns unsere emotionale und geistliche Energie zu rauben, Träume für das Reich Gottes zu träumen. Aber Jesus ist gekommen, um durch seine Gnade unsere Schuld wegzunehmen. Und wenn wir seine Gnade annehmen, wird nicht nur unser Herz erneuert. Wir werden zu Revolutionären für seine Sache. Welche Reflexe müssen neu konditioniert werden? Gibt es Sünde in Ihrem Leben, die bekannt werden muss? Wem müssen Sie vergeben?

Irgendwo auf unserer geistlichen Reise landen wir alle mal im *Käfig des Versagens*. Und die Art, wie wir damit umgehen, kann uns voranbringen oder uns zerbrechen. Wenn unsere Pläne scheitern, stehen wir in der Gefahr, nicht nur unsere Träume aufzugeben, sondern auch Gott und uns selbst. Aber manchmal ist ein Schiffbruch nötig, damit Gott uns dahin bringen kann, wo er uns haben möchte. Und was zuerst wie ein Scheitern wirkt, kann den Kurs unseres Lebens neu bestimmen. Sind Sie der von Gott herbeigeführten Verzögerungen überdrüssig? Haben Sie das Gefühl, von Gott auf Umwegen geführt zu werden? Ich möchte Sie an drei Dinge erinnern: 1. Je länger Sie warten müssen, desto mehr werden Sie zu schätzen wissen, wenn endlich eintritt, was Sie sich gewünscht haben. 2. Manchmal ist Geduld nötig, und 3. Humor kann Ihnen helfen, fast alles, was Sie erleben, besser zu verkraften. Und eins noch: Egal wie verrückt sich Ihre Wildgansjagd gestaltet, vergessen Sie nicht, die Reise zu genießen!

Schließlich müssen wir aus dem *Käfig der Angst* ausbrechen, wenn wir das Abenteuer erleben wollen, das Gott uns zugedacht hat. Lassen Sie Ihre Entscheidungen nicht durch die Angst vor dem Unbekannten bestimmen. Warum? Weil Gott auf Ihrer Seite steht! Machen Sie Jonatans Glaubensbekenntnis zu Ihrem Lebensmotto: *Vielleicht wird der Herr etwas für uns tun.* Spielen Sie in Ihrem Leben nicht defensiv. Wählen Sie nicht den Weg des geringsten Widerstandes. Der schwere Weg ist der beste Weg! Und leben Sie nicht so, als sei der Wille Gottes ein sicherer Plan. Trauen Sie sich, große Dinge für Gott zu träumen.

Der Ruf der Wildnis

Vor einigen Monaten las ich die Schriften von John Muir, dem Begründer des *Sierra Clubs*. Muir war ein außergewöhnlicher Abenteurer. Er bestieg Berge, überquerte Flüsse und erforschte Gletscher, lange bevor es GPS, ausgeklügelte Campingherde oder Trinkrucksäcke gab.

Eine Episode aus Muirs Leben gefällt mir besonders. Sie ereignete sich im Dezember 1874. John Muir hielt sich mit seinem Freund in einer Blockhütte in der Sierra Nevada auf, als ein heftiger Schneesturm einsetzte. Der Sturm peitschte die Baumwipfel fast bis zur Erde. Und während sich die meisten Menschen bei einem solchen Wetter in ihrer sicheren Zufluchtsstätte verbarrikadieren würden, verließ Muir den Schutz seiner Hütte und lief hinaus in den Sturm. Er fand eine Felsspalte, kletterte auf eine riesige Douglasfichte und harrte dort aus. Mehrere Stunden lang genoss er das Fest für seine Sinne, freute sich an dem, was er sah, hörte und roch.

In seinem Tagebuch schrieb Muir: »Als der Sturm einsetzte, verlor ich keine Zeit, nach draußen in den Wald zu eilen und ihn zu genießen. Denn bei solchen Gelegenheiten hat die Natur uns immer etwas Seltenes zu zeigen, und die Gefahr für Leib und Leben ist kaum größer, als wenn man sich ängstlich unter einem Dach zusammenkauert.«

Mir gefällt Eugene Petersons Meinung zu Muirs Erlebnis. Er sagte, die Geschichte sei ein »Abbild der christlichen Spiritualität«. Er nannte sie eine »klare Mahnung, kein Zuschauer im Leben zu werden, der die Bequemlichkeit des Geschöpfes der Konfrontation mit dem Schöpfer vorzieht«.

Wir haben uns lange genug unserer Bequemlichkeit hingegeben. Ist es nicht an der Zeit, den Käfig zu verlassen? Denken Sie daran, letztendlich geht es nicht um Sie. Es geht um den Einen, der durch Ihr Leben seine Geschichte schreiben möchte. Eine Welt in großer Not kommt nicht aus ohne das, was Sie einbringen können, wenn Sie Teil von etwas werden, das größer und wichtiger ist als Sie: von Jesu Ziel mit dieser Generation. Der Einsatz könnte nicht höher sein. Doch ähnlich wie die Jünger aus dem ersten Jahrhundert haben wir die Möglichkeit, die Welt auf den Kopf zu stellen.

Vor zweitausend Jahren sprach Jesus eine Einladung aus, die auch heute noch gilt: Folget mir. Aber dieser Einladung folgte eine Warnung: *Die Füchse haben Gruben, und die Vögel unter dem Himmel haben Nester; aber der Menschensohn hat nichts, wo er sein Haupt hinlege* (Matthäus 8,20). Wenn Sie sich auf die Wildgansjagd begeben, werden Sie nie wissen, wo Sie landen werden. Jesus hat uns niemals Sicherheit, Gewissheit oder Vorhersehbarkeit versprochen. Und ganz bestimmt ist er nicht am Kreuz gestorben, um uns zu zähmen. Er ist gestorben, um uns gefährlich zu machen. Er starb für uns, um uns zu einem Leben voller geistlicher Abenteuer einzuladen. Und wenn Sie den Mut haben, aus Ihrem Käfig auszubrechen und dem Geist Gottes zu folgen, wird tatsächlich ein Abenteuer das nächste jagen!

Leben Sie nicht so, als sei es der Sinn des Lebens, sicher den Tod zu erreichen.

Setzen Sie sich Ziele, die von Gott inspiriert sind.

Folgen Sie den Ihnen von Gott geschenkten Leidenschaften.

Gehen Sie Träumen nach, die ohne das Eingreifen Gottes scheitern müssten.

Lassen Sie Ihre Entscheidungen
nicht von Ihren Ängsten bestimmen.

Suchen Sie nicht immer den leichtesten Weg.

Halten Sie nicht am Status quo fest.

Weisen Sie nicht nur auf Probleme hin,
sondern bemühen Sie sich um eine Lösung.

Wiederholen Sie die Vergangenheit nicht,
sondern fangen Sie an, die Zukunft zu gestalten.

Spielen Sie nicht länger nur, um nicht zu verlieren,
sondern fangen Sie an zu spielen, um zu gewinnen.

Erweitern Sie Ihren Horizont.

Schaffen Sie Freiräume.

Ziehen Sie Ihre Sandalen aus.

Finden Sie so oft wie möglich einen Vorwand, um zu feiern.

Leben Sie heute, als wäre es der erste und der letzte Tag
Ihres Lebens.

Lassen Sie sich nicht von dem, was bei Ihnen falsch läuft,
daran hindern, für das zu danken, was bei Gott richtig läuft.

Brennen Sie Brücken zur Sünde nieder.

Hinterfragen Sie alte Annahmen.

Bahnen Sie neue Wege.

Hören Sie nicht auf, Fehler zu machen.

Feiern Sie Ihr Versagen.

Versuchen Sie nicht, jemand zu sein, der Sie nicht sind.
Seien Sie Sie selbst.

Verdienen Sie nicht nur Ihren Lebensunterhalt. Leben Sie.

Hören Sie auf, Entschuldigungen vorzubringen.

Spielen Sie nicht mehr defensiv.

Und lassen Sie sich nicht mehr von 3 Meter hohen Betondecken die Sicht versperren auf das, was Gott tun kann.

Jagen Sie dem Geist Gottes nach!

ANMERKUNGEN

[1] Mark Batterson, *In a Pit with a Lion on a Snowy Day: How to Survive and Thrive When Opportunity Roars*, Multnomah, 2006. Die Geschichte von Benaja findet sich in 2. Samuel 23,20-23.

[2] Siehe Roger Highfield, *The Physics of Christmas, From the Aerodynamics of Reindeer to the Thermodynamics of Turkey*, Little, Brown, 1998, S. 168-169.

[3] Wilson Snowflake Bentley, http://snowflakebentley.com.

[4] Stephen R. Graves, Thomas G. Addington, *The Fourth Frontier: Exploring the New World of Work*, Word, 2000, S. 5.

[5] Frederick Buechner, *The Hungering Dark*, HarperSanFrancisco, 1985, S. 31-32.

[6] Peter Marshall, *Mr. Jones, Meet the Master!*, Revell, 1988, S. 143-144.

[7] Seine Leidenschaft entbrannte in ihm im Monat Kislew (November-Dezember). Nehemia sprach jedoch erst im Monat Nisan (März-April) mit dem König darüber.

[8] Zitiert in Jack Canfield und Mark Victor Hansen, *The Aladdin Factor*, Berkley Books, 1995, S. 255.

[9] Abraham Cohen, *Everyman's Talmud*, Schocken Books, 1995, S. 8-9.

[10] John Darley and C. Daniel Batson, »From Jerusalem to Jericho: A Study of Situational and Dispositional Variables in Helping Behavior«, *Journal of Personality and Social Psychology* 27, 1973, S. 100-108.

[11] Doron Nof, Ian McKeague und Nathan Paldor, »Is There a Paleolimnological Explanation for ›Walking on Water‹ in the Sea of Galilee?«, *Journal of Paleolimnology* 35, 2006, S. 417-439. Im Internet zu finden unter http://doronnof.net/files/kinneret.pdf

[12] A.W. Tozer, *The Knowledge of the Holy*, HarperCollins, 1978, S. 43. (Auf Deutsch erschienen unter dem Titel *Das Wesen Gottes*, Hänssler Verlag, 2001. Das Buch ist vergriffen.)

[13] William Beebe, *The Book of Naturalists: An Anthology of Best Natural History*, Princeton University Press, 1988, S. 234.

[14] Rolf Smith, *The Seven Levels of Change: The Guide to Innovation in the World's Largest Corporations*, Summit, 1997, S. 49.

[15] Pat Williams mit Jim Denney, *The Paradox of Power: A Transforming View of Leadership*, Warner, 2002, S. 19-20.

[16] Peter Marshall and David Manuel, *The Light and the Glory*, Old Tappan, Fleming H. Revell, 1977, S. 17.

[17] Ich möchte meinem Freund und Mentor Dick Foth für seine Einsichten zu dieser Bibelstelle danken. Die Gedanken, die ich in diesem Abschnitt wiedergebe, sind von ihm.

[18] Oswald Chambers, *Mein Äußerstes für sein Höchstes*, Blaukreuz-Verlag, 1991, S. 210.

[19] William J. Gehring und Adrian R. Willoughby, »The Medial Frontal Cortex and the Rapid Processing of Monetary Gains and Losses«, *Science* 295, Nr. 5563 (22. März 2002), S. 2279-2282. Erhältlich online unter http://www.sciencemag.org/cgi/content/abstract/295/5563/2279

[20] Im Original: *Foxe's Book of Martyrs*.

[21] Einige dieser Gedanken waren ursprünglich inspiriert von Erwin McManus und seinem Buch *Seizing Your Divine Moment*.

[22] Siehe Ted Leonsis' Liste seiner Lebensziele unter http://www.superviva.com/idea-lists/4-Ted-Leonsis-039-Famous-List.html

[23] »Große, haarige, wagemutige Ziele« ist ein Ausdruck aus James C. Collins und Jerry I. Porras, *Built to Last: Successful Habits of Visionary Companies*, Harper-Business,1994.

[24] Meine Lebensziele finden Sie unter www.markbatterson.com

[25] Auf Deutsch: Eine Geschichte der Freiheit.

[26] Daniel J. Boorstin, *The Seekers: The Story of Man's Continuing Quest to Understand His World*, Random House, 1998, S. 235.

[27] Eric T. Bell, *Men of Mathematics*, Simon & Schuster, 1937, S. 375.

[28] Die Identität des Mannes, der Galois zum Duell forderte, ist historisch nicht gesichert. Alexandre Dumas nennt jedoch den Namen Pescheux d'Herbinville.

[29] Dallas Willard, zitiert von Robert Buford, *»Is There Something More? A Conversation to Remember«*, Career Planning & Adult Development Network.

Mark Batterson

Zurück zum wichtigsten Gebot

Gott lieben mit Herz, Seele, Verstand und Kraft

Mark Batterson („Kreiszieher") bringt den Kern des christlichen Glaubens auf den Punkt. Er verweist auf das wichtigste Gebot („Du sollst den Herrn, deinen Gott, von ganzem Herzen, von ganzer Seele, mit all deinen Gedanken und all deiner Kraft lieben.") und zeigt pointiert auf, wie wir Gott in diesen vier Dimensionen auf kreative Weise lieben können. Das fordert heraus, ist aber auch ungemein befreiend - denn die Gottesliebe ist so viel bunter, als wir sie uns normalerweise vorstellen.

Gebunden, 14 x 21,5 cm, 240 S.
ISBN: 978-3-417-26596-5